遍名山大川

本书编写组◎编

YOUBIAN MINGSHANDACHUAN

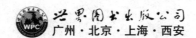

世界图书出版公司
广州·北京·上海·西安

图书在版编目（CIP）数据

游遍名山大川／《游遍名山大川》编写组编 . —广州：世界图书出版广东有限公司，2010. 11 （2024.2 重印）
ISBN 978－7－5100－3022－2

Ⅰ．①游… Ⅱ．①游… Ⅲ．①山（地理）－简介－中国②水（地理）－简介－中国 Ⅳ．①K928

中国版本图书馆 CIP 数据核字（2010）第 217436 号

书　　名	游遍名山大川	
	YOU BIAN MING SHAN DA CHUAN	
编　　者	《游遍名山大川》编写组	
责任编辑	张梦婕	
装帧设计	三棵树设计工作组	
出版发行	世界图书出版有限公司　世界图书出版广东有限公司	
地　　址	广州市海珠区新港西路大江冲 25 号	
邮　　编	510300	
电　　话	020-84452179	
网　　址	http://www.gdst.com.cn	
邮　　箱	wpc_gdst@163.com	
经　　销	新华书店	
印　　刷	唐山富达印务有限公司	
开　　本	787mm×1092mm　1/16	
印　　张	13	
字　　数	160 千字	
版　　次	2010 年 11 月第 1 版　2024 年 2 月第 10 次印刷	
国际书号	ISBN　978-7-5100-3022-2	
定　　价	59.80 元	

前　言

　　我国的名山大川众多，数不胜数，雄、奇、灵、秀，各具特色。它们有着数千年古老文明的历史，从千千万万普通山水中被选择、保护起来，具有独特的文化内涵和景观风貌。

　　我国的名山大川无不注入炎黄子孙对大自然的情感和精神，不少文人、名士、学者以及旅行家为追求自然山水之美而踏遍天下名山大川，他们寄情山水，触景生情，发之于笔墨，著之于文学，再现于书画。"一生好入名山游"的李白，就以"一斗百篇逸兴豪，到处山水皆故宅"的豪情逸趣，浪迹天下，为名山大川写下了大量不朽的佳作。李白的诗因得灵于名山大川，显得博大瑰奇；壮丽的河山因李白的诗而更加绚丽多彩。

　　这本《游遍名山大川》基本囊括了我国的名山大川，让青少年漫步在这些名山胜水之中，不仅可以领略到祖国的大好河山，还能从中感悟到祖国博大精深的历史文化。本书分为名山篇和大川篇，分别对名山和大川进行比较详细的阐释。名山也是神话传说最多的地方，从三皇五帝、君王大臣到民间的凡夫俗子，都留下了或喜、或悲、或怒、或怨的美丽传说，名山也因此而充满了灵性。因此本书在介绍名山的时候还选取了一些美丽动人的传说，让读者在阅读的过程中，开拓眼界，丰富知识。

目　录

游·遍·名·山·大·川

YOU BIAN MING SHAN DA CHUAN

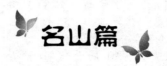

名山篇

盘　山

距天津市蓟（jì）县城西北 12 千米处，有一处峰奇林茂、古迹众多、山峦叠嶂、风景优美、环境清幽的风景区，它就是享有"京东第一山"美誉的盘山。

盘山古名盘龙山、四正山、无终山、徐无山。因它蜿蜒盘踞，"形无定向势如龙"，故名盘龙山；盘山一峰独起，兀立无依，峰若莲瓣，四面如一，故又名四正山；又因它位于古代无终国内，也称无终山；相传东汉末年，田畴率众隐居于此，曹操北伐乌桓时曾得助于田畴，故将徐无山改名田盘山，后人简称盘山。盘山属于燕山余脉，平均海拔 500 米，巍峨壮丽，高大挺拔。

盘山以"红杏青松之丽，层峦峭壁之奇"著称，山奇水秀，云海变幻多姿，松涛汹涌澎湃，景色优美，尤以"五峰八台"、"三盘之胜"令人称绝。挂月、自来、紫盖、舞剑、九华（唐代称为"东五台"）五峰攒簇，山峦竞妍。盘山五峰耸立，怪石嶙峋，形成三盘之胜：上盘松胜，苍翠翳（yì）天，环境清幽深邃；中盘石胜，奇岩异石，怪异神奇；下盘水胜，泉水甘洌淳美，长流不息，诗赞：

"山秀石多怪，林深路转奇。三盘无限意，幽绝少人知"。主峰挂月峰，海拔 864.4 米，为盘山之巅；八石（悬空石、摇动石、晾甲石、将军石、夹木石、天井石、蛤蟆石、蟒石）形态逼真，栩栩如生，自然天成。

盘山史书记载于汉，盛建于唐，极盛于清。自魏晋开始，历代帝王就在盘山大兴土木，开山建寺，先后建有了 2 座佛寺、13 座玲珑宝塔和 1 座规模浩大的皇家园林。盘山人文景观众多，这里印满文人墨客的手迹、名宦达贤的足迹，留有大量的传奇遗址、诗词歌赋、轶闻趣话，多种体例的摩崖石刻遍布危崖幽谷。盘山历经沧桑，近百年来破坏严重。现在已经恢复重建的有天成寺、万松寺和云罩寺等 30 多个景点。

🦋 天成寺

天成寺始建于唐，寺名即取"天成画图"之意。清朝康熙、乾隆几代皇帝都曾巡幸天成寺。乾隆巡游次数最多，他的替身僧就在这里出家。若遇三月初一到十五盘山桃花会时节驾幸，僧侣、百姓则向皇帝顶礼膜拜。

寺门东面有座两层六楹高脊飞檐的卧云楼。阴雨天气，白云穿楼而过或隐蔽楼身，故名。楼对面的山脚下，有小戏台旧址。是乾隆皇帝在卧云楼休息赏景时，御用戏班、乐工登台献艺的地方。步入寺门，有雕梁画栋的江山一览阁。阁通院中的曲廊。走过三间殿堂，登上坎台，是一个三面环山的开阔院落。院中有正殿、朱红的明柱、灿烂的彩顶，壮丽雄伟。殿前有两株千年银杏，干围 3.1 米，高 25 米，挺拔直立，均为雌性。正殿东侧有配殿。正殿后面是翠屏峰，古木参天，石崖壁立，石壁下有两个方形水池。池中有泉，名涓涓泉，常年不干，清澈见底，是难得的矿泉水。正殿西侧有一座很大的方形条石台基，台基上高耸着一座浅黄色的古塔——舍利塔。

古佛舍利塔是辽代建筑，明代重修的。重修时曾发现塔内藏有石函、舍利和佛像等物。塔高 22.63 米，边长 3.38 米，八角十三层。塔基由花岗岩须弥座和三层仰复莲花组成。塔身正面有门，内置佛龛，侧面有浮雕花窗。密檐角上挂着 104 个铜铃，山风徐来，丁零有声。塔前有一株千年以上的古柏，为天津市年代最久的树。塔西有彻公长老和尚灵塔。塔下有"善蛇洞"，传说有 72 条护塔的蛇。

🦋 银杏树的传说

盘山有一棵世上少见的银杏树。据说，这树有一千多年的历史。这树是怎么来的，当地流传这么个传说。

唐朝年间，某地姓邓和姓江的两个邻居在池塘边各种了株冬瓜。秋天到了，只结了一个大冬瓜。冬瓜到底是谁的呢？他们俩顺着藤去看，原来两株藤生夹了。姓邓的就对姓江的说："老邻居，我们干脆把瓜切开，每人一半吧。"姓江的同意了。姓邓的操刀把瓜一切，嘿，从里面钻出一个小孩来。两邻居十分欢喜，连忙抱回家去抚养。因为孩子是两姓人的，所以取名叫邓江。

邓江生长在穷家苦户，十三岁时，不幸亲人亡故。他只得给村上的一个财主做小工。他没读过书，也认不得字，就用泥团子记工数，每做一日，就做个泥团子丢进工棚的坛子里。到了年底，要算工钱了，财主生出恶计，用一勺水灌满坛子，把泥团子浸糊了。邓江去算工钱，财主说："邓江，你在我家做了怕有二三十天吧，我给你三斤茶油做工钱。"邓江说不出具体的天数，只得收了。

再说，离村子不远的地方有座古庙，那里住着几十个和尚。这天一早，方丈吩咐小和尚："今天你早点去路口迎接，有位大施主要来。"

小和尚守了一清早，只见一个衣衫挂豆角的穷人提着一竹筒茶

油上山，就很不高兴地跑回去说："哪里有什么大施主，只有一个……"

方丈说："对啊，他就是大施主。"于是率领大小和尚去迎接。

添上油，点上灯，一个个菩萨都出了大汗，邓江一年的工钱，连菩萨都消受不起哩。方丈有一套法术，轻易不传人，见邓江心诚，就暗暗地传给他。不久，方丈归天了。

恰巧唐太宗李世民的母亲死了。唐太宗很相信神鬼，就下诏各地和尚超度他母亲，做了七七四十九天香火道场。李世民提出要和母亲见面，和尚挤了一庙堂，个个摇头，人人叹气。因为邓江是削发才一年多的小和尚，没有资格参加议论，被关在庙门外。邓江不服气，闯进大庙，看见凳子早坐满了人，就在一条板凳上用力一拉，一下拉长了七寸，坐了上去。大家见他有这等功夫，另眼相看，一致推举他去见唐太宗李世民。

邓江做了一顶老人帐，将一间房子隔成两段，吩咐唐太宗站在门外看。唐太宗真看见了他母亲的影子很高兴，要奖赏邓江。邓江什么都不要，只要殿里一口重九百九十九斤的大钟。唐太宗说："那好，我命人给你抬去。"邓江说："还是我自己提回去方便。"他像别人提斤把重的小铃铛一样提着那口大钟，走出了金銮殿。

邓江提着大钟，一路走啊走啊，一直走到盘山。他看到那里花香鸟语，很是幽静，还有三脚狐狸、四方竹等"十怪"，就打算在那里安生。可是登山一望，他发现福建的岩前有一头水狮在兴风作浪，淹没了许多庄稼田园，就急忙赶到岩前去。可惜岩前有了一个仙家——何仙姑，原来水狮是她养的。

怎么办？邓江灵机一动，哄何仙姑说："何仙姑，你的织笼掉进河里去了。"

何仙姑说："我的织笼不会跟水走。"

邓江说："它逆水向上走哩。"

何仙姑赶忙走出去看，邓江趁机坐到何仙姑的莲花宝座。何仙姑发现上了当，就去拉邓江。可是邓江力气大，拉不动。何仙姑发了火，拔下头上的银针，向邓江刺去。邓江抢过银针，往盘山一扔，说："何仙姑，请你到盘山去吧。"

银针在盘山一落地，就生根、发芽、长叶，变成了一株银杏树。何仙姑没法子，只好带着水狮到盘山去了。水狮离了水，就再也不能兴风作浪了。

这棵银杏树长到今天，已有一千多年了。

五台山

坐落于"华北屋脊"上的五台山位于山西省的东北部，距太原市230千米，五台山与四川峨眉山、浙江普陀山、安徽九华山并称为我国著名的"佛教四大名山"。它是著名旅游胜地，被列为中国十大避暑名山之首。

五台山由古老结晶岩构成，北部切割深峻，五峰耸立，峰顶平坦如台，故称五台——东台望海峰、西台挂月峰、南台锦绣峰、北台叶斗峰、中台翠岩峰。五峰之外称台外，五峰之内称台内，台内以台怀镇为中心。其中北峰——叶斗峰海拔3058米，是五峰中最高的山峰，有"华北屋脊"之称。这里不仅峰峦叠翠，沟壑纵横，谷河漫流，林木葱茏；而且气候奇特诱人，最冷的地方终年结坚冰，最暖的地方冻不封河，常年无霜，所以整个五台山温差很大。由于五台山五峰高耸，盛夏气候凉爽，所以五台山又有"清凉山"之称。

名·山·篇

奇险高耸的峰崖，森严挺拔的古松劲柏，弥漫沉浮的云山雾海，金碧辉煌的殿宇楼台构成五台山奇异瑰丽的画卷。盛夏登临北台台顶极目远眺，千峰竞秀，云海翻腾。有时，还会出现难得的奇景：或者山下大雨倾盆，山上红日摩顶；或者山下绿柳泛翠，百花争春，山顶却是白雪皑皑。

五台山现有建筑比较完整的寺院 95 处，其中南禅寺和佛光寺建于唐代，是我国现存最早的木结构建筑，气势宏伟的建筑物，精美绝伦的雕刻，折射着历史的光辉。佛光寺被我国著名的建筑学家梁思成称为"中国第一国宝"，更有"亚洲佛光"之称。这些古朴典雅的艺术珍品和珍贵文件，不仅反映了我国古代宗教和建筑艺术发展的历史风貌，而且凝聚着一千多年来中华民族文化艺术的精华。

菩萨顶

菩萨顶是五台山规模最大、最完整的喇嘛寺院，位于传说中文殊菩萨居住的灵鹫峰顶。由于它建筑雄伟、金碧辉煌，远看好像西藏拉萨的布达拉宫，因此人们又把它叫做喇嘛宫。

菩萨顶始建于北魏孝文帝时期。因文殊菩萨曾在这里显露真容的传说，唐代由最初的大文殊院改名为真容院。南宋才改回原称叫大文殊寺。明朝永乐初年，始有菩萨顶的称谓。清代皇帝崇信喇嘛教。顺治十七年（1660 年），遂将菩萨顶由青庙（和尚庙）改为黄庙（喇嘛庙），并从北京派去了主持喇嘛。从此，按照清王朝的规定，菩萨顶的主要殿宇铺上了表示尊贵的黄色琉璃瓦，山门前的牌楼也修成了四柱七楼的形式。这在五台山是绝无仅有的，在全国范围内也不多见。自此以后，菩萨顶成了清朝皇室的庙宇。

菩萨顶现在占地面积 9160 平方米，有殿堂僧舍等大小房屋 100 余间，均为清朝康熙年间的建筑。顺山就势而筑的殿宇布局严谨，全寺建筑大体上可以分为前院、中院、后院三个部分。中轴线上的主要建筑有山门、天王殿、大雄宝殿、文殊殿等。两旁对称地排列着钟楼、鼓楼、禅院等。寺院中的九龙吸水石雕、康熙御笔"五台圣境"石坊和分别刻有汉、藏、蒙、满四种文字的汉白玉碑以及众多清朝皇帝的题匾赠礼等，都显示了菩萨顶的超凡地位。

菩萨顶各主要大殿的布置和雕塑都具有浓烈的喇嘛教色彩。面阔七间的大雄宝殿内，后部供着毗卢佛、阿弥陀佛和药师佛，前面则供着喇嘛教黄教创始人宗喀巴像。文殊殿内的文殊像与一般佛教寺庙（青庙）内的文殊菩萨像不同，它是按喇嘛教的经典规定制作的：头取旁观势，腰取扭动势，发取散披式，同时身挂璎珞，显得活泼、生动。两侧墙壁上还挂着唐卡。另外，大雄宝殿、文殊殿的柱头上还挂着桃形小匾，上面写着梵文咒语，这些都是喇嘛教寺庙建筑装饰中所独有的。

🌸 五台山的传说

我国的四大佛教名山——五台山、峨嵋山、普陀山、九华山，传说分别是佛教中四大菩萨文殊、普贤、观音、地藏的修行地。

相传五台山原名五峰山，气候异常恶劣，冬天滴水成冰，春天飞沙走石，夏天酷热难当，农民们根本无法到田里种庄稼。文殊菩萨碰巧到这里传教，看到人们遭受苦难，决定改变这里的气候。

文殊菩萨了解到东海龙王那里有一块神石叫"歇龙石"，可以把干燥的气候变得湿润。于是她变成一个化缘的和尚，到龙王那里借歇龙石。

文殊菩萨来到东海，见龙宫外面果然有一块巨石。还没有走到跟前，已经感觉到一股凉气迎面扑来。文殊菩萨见到龙王，说明来意。龙王很抱歉地说："大法师借什么都行，唯独这块歇龙石不能借。因为它是花了几百年工夫从海底打捞上来的，清凉异常，龙子们每天工作回来，汗水淋漓，燥热难耐，便在上面歇息养神，你若

名·山·篇

7

借去，龙子们就没有歇息的地方了。"文殊菩萨反复说明自己是五峰山的和尚，是为了造福于人间特地来求援的。

龙王不愿意把神石借走，又不便直接回绝文殊菩萨的请求。龙王估计这位老和尚一人无法将石头运走，便勉强答应说："神石很重，在没有人帮助你的情况下，如果你能拿得动，就拿走吧！"

文殊菩萨谢过龙王，走到神石跟前，口念咒语，立刻使巨石变成了小小的弹丸。文殊菩萨将弹丸塞进袖筒，飘然而去。老龙王惊得目瞪口呆，但已后悔莫及。

文殊菩萨回到五峰山时，正是烈日当空，因为久旱不雨，大地干裂，人们遭受着深深的苦难。文殊菩萨把神石安放在山中间的一个山谷中，奇迹发生了：五峰山立刻变成一个清凉无比的天然牧场。于是，这个山谷被命名为清凉谷，人们又在这里建了一座寺院，起名叫清凉寺，五峰山也改名叫做清凉山了。至今，五台山又叫清凉山。

恒 山

北岳恒山又名"太恒山"，位于山西省大同市浑源县城南 10 千米处。恒山雄伟险峻，气势磅礴，景区总面积 147 平方千米，是我国重要的文物古迹荟萃处和道教发祥地。其主峰天峰岭海拔 2016.8 米，被称为"人天北柱"、"绝塞名山"、"天下第二山"。

恒山曾名常山、恒宗、元岳、紫岳。据史书记载，恒山最早开发于汉代，北魏时期最盛。后经唐、金、明、清历代扩建和重修，留下了大量的文物古迹，有"三寺四祠九亭阁，七宫八洞十二庙"

之说。今尚存悬空寺、朝殿、九天宫、会仙府等30多处寺庙。

恒山风景名胜区以双峰并峙的天峰岭和翠屏峰为中心，包括天峰岭景区、翠屏峰景区、千佛岭景区、温泉景区和浑源城景点群。恒山主峰分东西两峰，东为天峰岭西为翠屏峰，两峰对峙，风格独具，断崖绿带、层次分明。金龙峡居于天峰岭、翠屏峰之间，峡谷幽深，峭壁侧立，石夹青天，最窄处不过10米，自古为兵家必争之地。北魏时，道武帝发兵数万人在此劈山凿道据守，作为进退中原的门户。宋代，杨业父子在此以险为凭，抵抗外族的入侵。

恒山景观中，果老岭、姑嫂岩、飞石窟、还原洞、虎风口、大字湾等处，充满了神奇色彩，还伴有优美的神话传说。悬根松、紫芝峪、苦甜井更是自然景观中的奇景。苦甜井位于恒山半腰，双井并列，相隔1米，水质迥然不同。一井水如甘露，甜美清凉，水井深数尺，取之不尽，可供万人饮用，唐玄宗李隆基赐匾"龙泉观"。另一井则水苦涩难饮，成为鲜明对照。现苦井已封。恒山松为恒山一景。其中，"四大夫松"古松的根部悬于石外，紧抓岩石，傲然挺立，姿态雄健。在虎风门观松，或立于丹崖上，或倒挂于绝壁间，如伞如翼如亭如龙如桥，千姿百态、仪态万方。恒山的云，变幻无穷。出云洞在后土夫人庙的不远处山腰，晴日朗朗，洞口寂静，阴雨来临，洞口便游出缕缕白云，引人遐思。

悬空寺

悬空寺又名玄空寺，建在恒山天险金龙峡口的悬崖峭壁上，大有凌空欲飞之势，被誉为恒山第一奇观。悬空寺是国内现存的唯一的佛、道、儒三教合一的独特寺庙。

悬空寺创建于北魏后期（471～523年），已经经历了1400多个年头。现存建筑主要是明、清两代修建的。据说以前这里是南去五台、北往大同的交通要道，悬空寺建在这里，可以方便来往的信徒

进香。其次，浑河河水从寺前山脚下流过。常常暴雨成灾，河水泛滥。人们以为有金龙作祟，便想到建寺院来镇压。于是就在这百丈悬崖上悬空修建了寺院。

悬空寺面对恒山、背倚翠屏、上载危岩、下临深谷、楼阁悬空、结构巧奇。悬空寺现存殿宇、楼阁40余间，有朝殿、会仙府、碧霞宫、纯阳宫、楼台亭、寝宫、梳妆楼、御碑亭等，分布于山腰、崖边、坡道上。由于寺庙距谷底26米，寺庙最高处离地面约50米，整个寺庙如挂在悬崖绝壁之上。南北有三檐歇山顶建筑，危楼耸起，对峙而立，从低到高附于绝壁之上。楼阁和殿宇之间都是由悬空栈道相连，迂回曲折。

悬空寺由北魏的了然和尚创建，后来发展成为佛、道、儒三教共处的寺庙群。寺内有铜铸、铁铸、石刻、泥塑的佛像和道教、儒教造像78尊。三圣殿内的泥塑具有唐、明两代风韵，释迦、韦驮、天女、阿难形体丰满，神态动人。寺庙最高处的三教殿内，释迦、老子、孔子塑像共居一室，耐人寻味。寺旁的恒山水库景色秀丽，每遇溢洪开闸，涛声大作，气势磅礴。

远望悬空寺，像一幅玲珑剔透的浮雕，镶嵌在万仞峭壁间，近看悬空寺，大有凌空欲飞之势。登临悬空寺，攀悬梯，跨飞栈，穿石窟，钻天窗，走屋脊，步曲廊，几经周折，忽上忽下，左右回旋，仰视一线青天，俯首而视，峡水长流，叮咚成曲，如置身于九天宫阙，犹如腾云饭梦。

🦋 舍身崖的传说

在果老岭的东侧，有一座万仞险峰面西而立，直插云端，这就是恒山的一处胜景——"舍身崖"。每当日落之时，瑰丽的晚霞辉映着诡奇万状的险峰怪石，奇光异景，色彩缤纷，令人赞叹不已。

关于这美丽如画的"舍身崖"，还流传着一个悲壮动人的故事。

相传古代浑源城里有一个美丽的少女。一年夏天，她年迈的母亲得病，少女就和嫂子一道上恒山为母亲采药。不料刚走进幽深树林，便撞见了一只恶狼。恶狼张开血盆大口，朝她们扑过来。就在这危急时刻，一个年轻人听见姑嫂二人的呼叫声，就从后面赶来，挥舞木棒，赶跑了恶狼。姑嫂二人非常感激，连连向青年道谢。言谈之中得知这个青年是在恒山修庙的画匠。少女见他容貌英俊，言谈举止又十分稳重干练，不由产生了爱慕之情。好心的嫂嫂看出了小姑的心思，就在一旁穿针引线，帮助小姑与画匠定了终身。

谁知好事多磨，祸从天降。浑源县的少爷久闻少女美貌出众，便要娶她为妾。而少女的父亲也嫌贫爱富，贪图县太爷家的钱财，又是打，又是骂，逼着女儿进火坑。少女无法忍受，连夜逃离家门，上恒山去寻找画匠。贤惠的嫂嫂怕小姑发生意外，也急忙跟随上山，暗中保护小姑。

然而，不幸的是，少女跑遍了恒山山岭，也不见画匠的身影。这时，知县的少爷又率领家丁追来。眼看着如狼似虎的家丁们步步逼近，少女把心一横，就从这万仞峰顶跳了下去。嫂嫂赶到崖顶，不见小姑踪影，四处寻找，不料一失足也跌落崖下。姑嫂二人的事迹感动了北岳山神。北岳山神施展神法，使少女化为百灵鸟，嫂嫂化为找姑鸟，日夜形影不离，飞绕此山，凄凉的叫声不绝于耳。"舍身崖"便由此得名。

名·山·篇

千 山

位于鞍山市东南20千米的千山，与吉林的长白山齐名，有"东

北明珠"之称。千山层峦起伏，山峰壮美，近千座山峰犹如千朵莲花绽放在富饶的辽东半岛上。清代诗人姚元之诗赞："欲向青天数花朵，九百九十九芙蓉"。

千山以"峰秀、石峭、谷幽、庙古、佛高、松奇、花盛"著称于世。它虽无五岳之雄峻，却有千峰之秀美，它以绚丽的英姿和神奇的风韵在辽东大地上勾勒了一幅如诗如梦的美丽画卷。千山以奇峰、岩松、古庙、梨花组成四大景观。按自然地形划分为北部、中部、南部、西部4个景区，包括20个小景区和200余处风景点。千山景色秀丽，四季各异，是集寺庙、园林于一山的风景旅游胜地。它一年四季景色各异：春天梨花遍谷，山花满壑；夏天重峦叠翠，郁郁葱葱；秋天漫山红叶，落霞飞虹；冬天银装素裹，雪浪连绵。美景佳境终年纷呈，吸引游人流连忘返。

千山是自然景观与人文景观的完美结合，而宗教文化正是千山文化的主题。自隋唐开始，山上就建有寺庙，到辽、金时已初具规模。千山有寺、观、宫、庙、庵等20余处，宛如一颗颗闪光的宝石，镶嵌在奇峰秀谷之中，使古老的千山更加迷人。这些古老而宏伟的寺庙，有的高耸于险峰之上；有的依偎于群山环抱之中；有的坐落在向阳坡上；有的隐蔽在古松怪石之阴。它们与自然景物彼此烘托，融为一体，构成一幅优美、雅致、幽静的动人画面。其中五大禅林（祖越寺、龙泉寺、大安寺、中会寺、香岩寺）最具特色。清康熙六年建的无量观规模最大，观内有19幢建筑。周围有"聚仙台"、"葛公塔"等景点。

千山胜景吸引了历代的文人学士，因此山上石崖题刻、碑文塔记、匾额楹联不胜枚举。相传唐太宗李世民和清康熙、乾隆皇帝都曾多次游幸此山。

🪷 仙人台

千山的主峰仙人台，又名观音峰，以丁令威成仙化鹤归来的传说而得名，位于南部游览区诸山脉之巅，海拔 708.3 米，为千山风景区最高峰。登山远望，诸峰千姿百态，无限风光尽收眼底；古松参天迎风泻涛，怪石嶙峋星罗棋布，古洞宝塔云烟缭绕，湖光山色相映成趣。仙人台峰奇、地险，峰头似蛇背，长 20 余米，宽 10 米，峰头西端撅起一根巨大的石柱，呈四棱形，高 7 米，直径约 20 米，由东向北倾斜，状如鹅头，故俗称鹅头峰。西南北三面均为峭壁深渊，唯东一面可行。明朝初年，曾在峰顶大兴土木，将半球峰顶变成一个平台，修建成仙人台。上面基石上刻有棋盘，周围安放着八仙和南极寿星的石雕坐像，布陈为庆寿，弈棋行图。鹅头下峭壁上有一个佛龛，内有浮雕一尊半身观音菩萨像。佛龛之上横刻"仙人台"三个篆字。

🌸 大　佛

　　在千山众多的奇峰中，最为奇特的是千山大佛。大佛位于千山风景区北部，是自然造化的全国特大石佛之一。佛像身高 70 米，体宽 46 米，头高 9.9 米，头宽 11.8 米，耳长 4.8 米，依山而坐，貌似弥勒，形象逼真，神态可掬，栩栩如生，端坐于千朵莲花山之中。整座大佛就是一座高耸的山峰。圆圆光亮的头部高如三层楼房，长满绿苔的浓眉之下长着一双炯炯有神的大眼睛，其五官摆放位置适宜，比例恰到好处。大佛左手分开放在膝盖上，右手握拳，手臂压在右腿上，右胳膊上方还端坐着一尊南极寿星，从整体看去是向右倾坐的姿态。大佛的胸前还天然形成了一只捻珠，其长短比例及位置非常神奇，迎着阳光还可以看到圆圆的珠环。千山大佛为千山增添了神秘的色彩。

🌸 千山的传说

　　千山，又名千朵莲花山。相传在遥远的上古时代，辽东一带是一片汪洋大海，叫太子海。海上有一座宝岛，叫积翠岛。岛上有一

座高山，叫积翠山，山中居住着美丽善良的积翠仙子。仙子施展神力，使宝岛风调雨顺，五谷丰登，百姓过着幸福的生活。

后来，从遥远的东海迁移来一条双尾恶龙。它对宝岛垂涎三尺，经常兴风作浪，率水族劫掠，使百姓深受其害。积翠仙子十分同情人们的遭遇，她不顾个人安危，决定用金莲挡水的方法来拒恶龙于海岛之外。

积翠仙子冒着犯天条戒律的危险，盗取日月精华和九天锦绣来不分昼夜地纺织朵朵金莲，很快绣成了千朵金莲花。她又和人们一道将莲花沿海岛的边缘排列起来。这样，金莲便光焰万丈，能避水火。恶龙几次率鱼精虾怪进攻积翠岛都被金莲所阻，恶龙失去水势，不敢贸然上岛，心中十分恼怒。一天，恶龙派鲤鱼精去盗金莲。鲤鱼精趁着月色，潜入宝岛，想挥刀砍断捆绑金莲的锁链，然后将它偷走。不料，金莲发出一声巨响，惊动了岛上的人们和积翠仙子，他们纷纷持械赶来。鲤鱼精见势不妙，慌忙拾起砍下的那朵金莲花，乘风向海上逃去。积翠仙子飞剑击中鲤鱼精，鲤鱼精坠空而亡，化作一堆怪石。

因此，千山中会寺遗留下了宝剑刺鱼的怪异山景。被盗去的金莲花在狂风的吹逐下，飘飘摇摇向南而去，坠入大连海湾的飞莲池中，从此池中年年莲花怒放，岁岁碧荷争艳。恶龙不甘失败，奏本天庭，控告积翠仙子暗盗日月精华，私采九天锦绣，并力诛水族精灵，犯下大罪。玉帝闻报大怒，不问情由即派天将捉走了积翠仙子。当岛上的百姓闻讯赶来时，已不见积翠仙子，只有她留下的莲花化成了风景秀丽的九百九十九座山峰，正在飞快地增长着，为驱逐水族而向大海深处蔓延，须臾填平了太子海，太子海变成一片陆地，被人们称太子海峡。人们日夜思念和呼唤着积翠仙子，泪水化作了涓涓细流，流淌在千峰万壑之中，呼声化作阵阵松涛，回响在千山万岭之巅，为了纪念积翠仙子，人们把莲花化成的山峰和积翠山合称为千朵莲花山，也就是现在的千山。

闾　山

闾山又叫医巫闾山，位于辽宁省北宁市境内，面积630平方千米，最高峰海拔866.6米。闾山为虞舜所封全国十二大名山之一，又是中华"五岳五镇"中幽州的镇山。《全辽志》载："辽境内，山以医巫闾为灵秀之最"。

闾山集美、香、奇、雄于一体，汇山、石、松、泉、洞为一炉，大自然的鬼斧神工造就了闾山的奇峰险壑，描绘出一处处人间仙境，白云、浓雾、佛光、月色、古松，令人心怡神往。春来梨花绽放，香雪如海；盛夏青山凝翠，远山如黛；深秋红叶满山，果香漫谷；隆冬层峦积雪，如银似玉。四季异景使闾山成为一幅天然的丹青长卷。

闾山分北部、中部、南部、东部4个主要游览区，共计100多个景点。主要景点有北镇庙、圣水桥、鱼池、观音阁、四角亭、旷观亭、蓬莱仙境、莲花石、望海寺、万年松、名山、老爷阁、风井、桃花洞、白云关、游目天表等。除北镇庙在山下外，其余景点全在山上，而且集中在观音阁一带，彼此相距较近。北镇县有条路直通北镇庙、圣水桥和道隐谷。自道隐谷起，此路虽始分为两支，但左右环通，无论左行或右行，山上景点皆可遍游。以寺院为中心的景区为大石棚、圣水盆、观音阁、白云观、辽代萧太后蜡像馆、元代宰相耶律楚材读书堂、玉泉寺、药王庙、祖峰长城等，新建的千米

名·山·篇

索道把大阁、玉泉寺两景区连为一体。远眺峰峦翠色，近睹千丈危岩，景色秀丽，姿态万千，像一幅恢弘博大的泼墨画卷，给人以美的享受和无尽的遐想。

闾山历史悠久，人文景观极其丰富。历代帝王对闾山皆有封号：唐代封为"广宁公"，金代封为"广宁王"，元代封为"祯德广宁王"，明和清代封为"医巫闾山之神"。闾山是历代朝廷推崇的灵山圣地，辽代有六位皇帝先后四十多次在此山祭山祭祖，众多英才贤士留下大量的诗文、石刻、碑记，其中战国时期屈原在他的名作《远游》中曾表达了对闾山的向往之情。闾山数千年来是佛、道修身养性和皇家祭祀山神之地。宫观庙宇错落有致，亭榭楼台随处可见，形成了悠久而深厚的宗教文化，从辽、金开始，历代在此都有所营建。辽代有望海堂；金代有悬岩寺、胜鉴亭；明清两代有玉泉寺、清安寺、灵山寺、云岩寺、具瞻亭、览秀亭、会仙亭等。观音阁在望海峰的南面，明时称清安寺，清初改称现名，有前殿、正殿和东西配殿，周围奇峰怪石林立，苍松翠柏秀美。阁中保存着清乾隆皇帝题的"圣水盆"三字刻石及他题咏观阁的石刻两方。由观音阁进山后，沿石路向上，岩间题铭逐渐增多。据说乾隆皇帝曾钦定的"闾山八景"：道隐谷、圣水盆、桃花洞、吕公岩、望海寺、旷观亭、万年松、蝌蚪碑都在这一带。

闾山的传说

传说在很久以前，北镇这块地方是一片大海，它和渤海相连，名字叫闾海。闾海里有个龙宫，龙宫里住着镇海龙王名叫医巫闾。这个海龙王爱喝酒，好女色。它喝多了就上岸吃人，发水去冲村庄，趁机把一些年轻美貌的姑娘抢进龙宫，供它寻欢取乐。

闾海边上有个小伙子名叫广宁。他父母都去世了，三十多岁了还没娶上媳妇，孤零零的一个人，靠打鱼为生。小伙子能干又善良。

16

他恨透了那条恶龙，一心想杀死它为民除害，可是想不出除龙的办法。

一天，广宁又到间海打鱼，刚要撒网，忽见恶龙从海里蹿了出来，扬起龙爪张着大嘴向他扑来。广宁急中生智，把手里的渔网一甩，丢进恶龙的嘴里。渔网挂住了恶龙的牙齿，吞又吞不进去，吐又吐不出来，气得它张开龙爪，抓住广宁返回了龙宫。

恶龙医巫间回到龙宫，一面忙着撕扯渔网，一面吩咐虾兵蟹将把广宁打一顿，然后扔到冷宫后面的水牢里关起来。

广宁被关在水牢里，没有饭吃也没有水喝。关了好几天后，他饿得昏了过去。水牢前面有座冷宫，宫里住着恶龙的原配王后。她是东海龙王的女儿玉静公主。玉静公主嫁给医巫间以后，常劝他少喝酒、别吃人，不要做坏事。开始恶龙还听她的话，后来觉得受她限制，不能为所欲为，就心烦了。天长日久，他嫌公主碍眼，就把她打入了冷宫。

这一天，玉静公主在后花园里闲游，路过水牢，听见水牢里有响动，便停下了脚步，往水牢里一看，见里面关着一个小伙子，见他可怜，公主便偷偷地把小伙子带到了自己的后宫。

广宁慢慢地苏醒过来，他睁眼一看，见有一位天仙一样的姑娘坐在自己身旁，背后还站着两个丫鬟，一时也弄不清状况。公主见广宁长得眉清目秀、又很正派，很是喜欢他，便问他叫什么名字，怎么到龙宫里来了。广宁一五一十地把自己的身世和被恶龙抓来的经过告诉了公主。公主也讲了自己的遭遇，两人说得很投缘。

广宁在公主的后宫住了几天，身体也复原了。他感激公主救了他，公主喜欢广宁的忠厚老实，两个人的感情越来越好。可是，广宁住在龙宫，心里实在不踏实，他总想除掉恶龙，于是和公主商量逃出龙宫。正说着，一个宫女跑进来禀报："大王来了！"玉静公主

名 · 山 · 篇

慌忙把广宁藏在床底下，然后装出很高兴的样子，去迎接医巫闾。

恶龙进来就问："是你把那个小伙子放了吗？"公主稳了稳神儿，对恶龙说："我把谁放了？你是知道的，平日里我是一步也不离后宫的。你听了谁的挑拨，到我这里说些没影的话？"恶龙说："我抓来一个人，放在水牢里不见了，龟丞相让我问问你。"

公主听完假装生气地说："我和大王是夫妻，怎么能救一个生人呢？这个老乌龟，无中生有挑拨是非，我得问问他去！"恶龙忙拦住公主说："别去了，我只不过随便问问"。他边说话两眼边向四下直撒目，也没看出有啥可疑的地方，抬身就要往回走。

公主上前拦住医巫闾说："一晃好几年，你也不上这儿来看看我，你是真把我忘了！"恶龙看了看公主，不由得笑了起来。公主把他按在座位上，让宫女设宴、摆酒，就一杯一杯地劝起酒来。

恶龙足足喝了二九一十八坛好酒，喝完就昏昏沉沉地睡着了。当夜，公主拉着广宁飞上了天空，架起云头逃到了渤海。渤海龙王没儿没女，便把侄女玉静当成亲女儿，听他们讲了逃到这里来的原因，就把他们俩留下了。

过了两天，医巫闾来到渤海，闯进龙宫，让老龙王交出玉静和广宁。老龙王推说没见着。恶龙没有办法便离开了渤海龙宫。恶龙走后，渤海龙王劝玉静和广宁住在这里躲些日子再说。广宁就和公主商量怎样能除掉恶龙。玉静公主说："小时候听叔叔说过，杀龙要用斩龙剑；还得有覆海土，这种土往海里一撒，龙就藏不住了。这两种宝贝都放在东海我父王的藏珍楼里。我到父王那里想法把宝贝弄来，我们就能杀死恶龙医巫闾了。"广宁一听说："那你小心，快去吧！"

几天后，玉静公主从东海拿回了两件宝物交给了广宁，并嘱咐他说："这剑只能砍一下，砍多了沾满龙血，宝剑就失灵了，覆海土

也只能撒一点，撒多了要触犯玉皇大帝，会把你变成石头。"广宁听完公主的嘱咐，带上宝剑，装好覆海土辞别了公主，向间海走去。

广宁到了间海边上，藏在树林里等恶龙上岸。

这天，恶龙喝完酒，又上岸来吃人了。他抓住一个人刚要吃，广宁冲出树林，挥剑向恶龙医巫间砍去，恶龙一抵挡，被砍下一只前爪，它扔下前爪，逃回了龙宫。

广宁见恶龙逃跑了，就抓起一把覆海土，想海里撒去。土一撒进间海，海里立即出现了一片土地，广宁高兴了，心想，要是土地多了，人们就可以种庄稼了。不管自己能不能变成石头，撒吧！他就大把大把地撒起了覆海土。

刚撒了一半，恶龙在龙宫里就待不住了，他从水里蹿出来，又和广宁厮打起来。广宁又砍下一只龙爪，恶龙掉头就往水里钻，广宁又挥剑砍下了它的尾巴。恶龙没有了尾巴，爬不动了，广宁追上去，连砍几剑，把恶龙医巫间砍死了。

广宁连用了几次斩龙剑，斩龙剑失灵了，覆海土也撒了一半，自己就要变成石头了。他想：只要能把大海变成平地，为百姓造福，自己变成石头也心甘情愿。他拿定主意后，就把覆海土全部都撒在间海里了。

他站在恶龙身上，挂着宝剑向四处张望，只见原来的一片汪洋大海，渐渐地变成了平地；死去的恶龙医巫间变成了一条蜿蜒大山。广宁自己也变成了大山上的一座高峰了。

从此，人们在间海变成的这片平坦土地上，建起了城镇、村庄。人们为了纪念斩龙英雄广宁，就把建起的城镇叫广宁镇，把城西的山叫医巫间山。

凤凰山

　　山势突兀峥嵘，犹如一只凤凰展翅高飞，这就是位于辽宁省凤城东南3千米处的凤凰山。凤凰山系长白山支脉，主峰攒云峰海拔836米，素以"险中含奇，秀里藏幽"著称。它与千山、间山并称为辽宁三大名山，又称"辽东第一山"、"半岛明珠"。凤凰山是融自然美、人文美于一体的一幅天然绝妙、和谐壮观的中国山水画卷。

　　凤凰山景区面积216平方千米，全山分为西山、东山、庙沟、古城4大景区，其中以西山景区最为著名。山上崖险壁峭，谷幽石奇，清流潺潺，古木参天，自然景观奇险而繁多，与人文景观交相辉映，浑然天成。凤凰洞、三教堂、通玄洞等古洞幽深神奇、引人入胜；山云铺海、涧水飞涛、斗母圣境如梦如幻；老牛背、百步紧、天下绝等奇险令人叹为观止；圣源、甘泪丹泉等清淳甘洌，沁人心脾；金龟求凤、碧海飞舟等怪石形态逼真，栩栩如生；紫阳观、碧霞宫、观音阁庄严肃穆，古朴雅致。

　　凤凰山高度虽远逊于华山，但奇险相似。如老牛背上的岭脊，尽管光滑难行，却不凿一个台级，全靠手拉铁栏杆攀登，倘逢冬日结冰积雪，它便成了绝路。其奇险之情景，绝不亚于华山的苍龙岭。而天下绝的栈道，开凿在上凸下凹的悬崖腰上，且向下倾斜，倘无铁栏杆保护，即使不结冰积雪，也成了绝路。其奇险之情景，也绝不亚于华山的长空栈道。凤凰山的山路，常似断实续、这种"绝处逢生"之妙却是华山所无。如遇此情景，一戒焦灼不安，二须仔细找寻。当发现石隙内有铁环或石把手时，即使仅可容身，也要攀缘而进，待到尽头，便可充分品味到"柳暗花明又一村"的意境。有时，由此石跃上彼石，竟会突然发现脚下有路，这同样能品味到"绝处逢生"的意境。

石壁鹤影

在"箭眼峰"下方近 300 米高的大石壁上，有一个妙趣横生的天然浮雕，画面是一个驱光欲进，唤之欲出，栩栩如生的仙鹤，这就是凤凰山著名的石壁鹤影。

传说很久以前，有一年，观音菩萨出游四方，开辟仙境。当她来到山上时向下一望，只见山上树木参天，怪石嶙峋，云缠雾绕，鸟语花香，不觉心中一喜，进了此山。

各路神仙见观音至此，纷纷前来参见，并陪同观音一起游览，引导着众仙寻幽谷，入隧洞，攀悬崖，登险峰。观音菩萨和众神仙逛得十分开心。

凤凰山有一只凤凰，前来朝拜观音菩萨和众神仙。为了助兴，凤凰便在一块岩石上跳起舞来。凤凰以她圆润的歌喉，优美的舞姿，令观音菩萨和众神仙十分欣赏。

这时有一只白鹤听说观音众仙来到此山，也来朝拜。因为来迟了，凤凰的歌舞已毕。白鹤听到了大家对凤凰的赞叹声，便凑近观音道："我也愿为大仙献丑"。说罢，把双翅一拍舞了起来。其实这只白鹤也是能歌善舞的好手，心中对凤凰很不服气，可眼下由于紧张，它的腿脚不灵，嗓子也越唱越窄，唱着唱着竟走了调。低一声，高一声的，众仙听了十分扫兴。观音菩萨及众神仙见此样子，不由得都大笑起来，观音菩萨对白鹤说道："白鹤，原以为你很有绝技，未想也只不过如此！"白鹤听到此话，羞愧万分，百感交集，没脸见人，哀叫三声，一头撞在石壁上。从此白鹤的身影便留在这块石壁之上了。

游·遍·名·山·大·川

YOU BIAN MING SHAN DA CHUAN

大孤山

　　大孤山位于辽宁省东港市西南东沟县境内的大洋河河口右岸，孤山镇环绕其南麓。

　　大孤山陡峭挺拔，孤峙于黄海之滨，兼得海山之胜，为辽东著名风景区。其山脊状如锯齿，主峰海拔近 340 米。沿山路上行，茂林巨树遮天成阴，野草闲花覆坡为锦，景色清幽，引人入胜。大孤山山势雄伟，古树苍劲，风光妖娆，四季宜人，宛如浩瀚黄海之滨一颗璀璨的明珠。大孤山泉、河风光相呼应，既相独立，各具特色，又以各自风姿交相辉映，融为一体，构成纷繁绚丽的自然景观。山上景色繁多，历史悠久，素有"水底洞天"、"鹿门海屋"、"海岛渔舟"、"鸽洞云深"、"泰山魁楼"、"西岭松涛"、"孤山圣水"、"峭壁石人"八大景之说。这里蓝天、白云、晨曦、晚霞、珠海、绿洲、青山、古城、古树、古刹交辉，实谓一幅诗情画意的天然美景。

　　大孤山山腰有一组寺庙建筑，供奉着儒释道的创始人和重要的神、佛、仙，如孔子、释迦牟尼、玉皇大帝、地藏王、药仙等，是一组典型的"三教合一"建筑。整个建筑占地 5000 平方米，有 104 间房间，其中除极少数始建于唐，重修于清乾隆年间外，其余全建于清中、晚期。这一组建筑，皆为砖木结构，飞檐翘角，画栋雕梁，十分美观，是辽东保存最完好的古寺庙建筑群之一。大孤山寺庙依山势构筑，层层递升，错落有致，十分宏伟。整个寺庙分下庙、上庙两大部分，但上下贯通，连成一体。每个部分都由一个个小寺庙构成，每个小寺庙又都是一个四合院，有正殿和配殿。这种布局，是北方寺庙建筑群的典型布局。下庙左右翼连，左翼中轴线上，由前至后建有前殿、天后圣母殿；右翼中轴线上，由前至后建有天王殿、地藏殿、释迦牟尼殿、财神帝、关帝殿。下庙于正殿之外，还有东、西十王殿和吕祖亭等。上庙布局较散，由前至后有佛塔、观海亭、玉皇殿。玉皇殿的左边有药王殿，其右前方并列有龙王殿、罗汉殿、三霄娘娘殿。登上观海亭四望，海陆风光尽收眼底。海上，波涛起伏，风帆点点，獐、鹿二岛隐隐可见；陆上，屋宇参差，街道纵横，平畴沃野历历在目，真可谓气象万千，风景如画。

🦋 大孤山的传说

大孤山这地方偎山抱海，风景特别美。大孤山上古树参天，常年青翠。这里的人长得特别俊，小伙子都愿意娶大孤山的姑娘做媳妇，说这儿的水土好，姑娘长得秀气。为什么呢？这里有宝。

很早很早以前，大孤山在海外就很有名气了。有两个南蛮子听说这个地方以后，他俩用隔山镜一望，发现大孤山顶上站了一个小红孩儿，长得秀秀气气，精精乖乖。原来，这是一株千年的老人参成了精。人参成精可以变成人，是镇山之宝，哪里有了它，哪里就兴旺发达，谁要是得到它，谁就有了无价之宝。

两个南蛮子坐着船，在海上走呀，走呀，不知走了多少天，来到了大孤山。这一天，正赶上是阴历四月十八庙会，山上山下人山人海。这两个南蛮子想，人参娃一定会下山赶庙会。于是，他俩便装着逛庙会的，在人群里钻来钻去。突然，他俩发现了一个穿着红裤红袄的小姑娘，长得聪俊，头上扎着两只小乖乖辫儿，笑眯眯地在人群中四处看热闹。他俩一眼就认出了这就是人参娃，便悄悄地从兜儿里掏出红线想把她捆住。可是，他们还没等挨近小红孩儿，小红孩却转眼间不见了，他俩找了半天也没找到。

有一天，他俩又上山想捉人参娃，刚走到孤山脚下有一棵叫蛤

名·山·篇

蟆树的地方，只见一位白头发、白眉毛、白胡子的老头，拄着拐杖慢慢从山上走下来。老人走到他俩跟前问："二位上山干什么呀？"他俩说："我们俩想上山捉棒槌，老头，你知道它在什么地方吗？"老人捋着白胡子嘿嘿笑了："捉棒槌？怕是棒槌走到跟前你们也不认识。"其中一个脑瓜来得快，大声说："棒槌！"说着便向老头儿扑去。老头儿不见了，他手里只抓了一把人参叶子。

就这样，他俩还不放弃，站在山上，拿起隔山镜向南一望，发现在大鹿岛的山顶上有一个秀秀气气的小红孩儿跳来跳去，他俩便乘船来到了大鹿岛。可是，到岛上一看，什么也没有。他俩用隔山镜往北一望，发现小红孩儿又站在大孤山顶上。于是，他们一个留在大鹿岛，一个乘船来到大孤山。等他爬上山一看，连个人参娃的影子也没有。俩人同时用隔山镜一望，发现小红孩儿站在海当中。这一回他俩服气了，人参娃走到跟前都捉不住，现在就更没办法了。从此，这棵千年成精的老人参就在大孤山扎了根。所以，大孤山总是那么古怪、秀气。

长白山

长白山位于吉林省延边朝鲜族自治州安图县和白山市抚松县境内，是中朝两国的界山，中华十大名山之一，因其主峰多白色浮石与积雪而得名，素有"千年积雪为年松，直上人间第一峰"的美誉。中国境内的白云峰海拔高度2691米，是东北第一高峰。长白山还有一个美好的寓意"长相守、到白头"。

长白山山路崎岖，天气变化无常，忽阴忽晴、忽雨忽雾。据有

24

关资料介绍，长白山一年 365 天中，有 360 天下雨下雪，只有 60 多天是好天气。

由于气候高低悬殊及奇特的地质地貌，长白山自下而上形成了四个明显的垂直景观带，展现了从温带到寒带的不同景观：针阔叶林混交林带、针叶林带、岳桦林带，海拔 2000 米以上是高山苔原带。从山下到山上不过几十千米，却荟萃了我国从南到北几千千米的自然景观。长白山是一座巨型复合式的盾状火山体，每 300 ~ 400 年间爆发一次，每次喷发都有大量的熔岩物质堆积在火山口周围，自 1702 年 4 月停止喷发后，火山口积水形成天池，而大量的熔岩物质则在天池周围形成了 16 座千姿百态海拔在 2500 米以上的山峰，天晴时，群峰毕露，直插蓝天，气势极为雄伟壮观。

长白山有语言和文字留传下来的历史，最早可以追溯到 4000 多年前。这座具有百年以上历史的山脉，汇集了从温带到寒带的多种动植物物种，是生态系统保存最完整的区域，被誉为"世界物种基因库"。据统计，这里生存着 1800 多种高等植物，栖息着 50 多种兽类，280 多种鸟类，50 种鱼类以及 1000 多种昆虫。长白山的密林深处盛产人参、北五味子等药材，野生动物有濒临灭绝的东北虎及马鹿、紫貂、水獭和黑熊等。鸟类中鸳鸯、黑鹳、绿头鸭等候鸟占 70%。

🌿长白山天池

天池位于长白山主峰火山锥体的顶部，是我国最大的火山口湖，荣获海拔最高的火山湖吉尼斯世界之最。天池四周奇峰林立，池水碧绿清澈，是松花江、图们江、鸭绿江的三江之源。从天池倾泻而下的长白飞瀑，是世界落差最大的火山湖瀑布，它轰鸣如雷，水花四溅，雾气遮天。位于冠冕峰南的锦江瀑布，两次跌落汇成巨流，直泻谷底，惊心动魄，与天池瀑布一南一北，遥相呼应，蔚为壮观，

名·山·篇

生动地再现了"疑似龙池喷瑞雪，如同天际挂飞流"的神奇境界，游者身临其境，会产生细雨飘洒、凉透心田的惬意感受。鸭绿江大峡谷和长白山大峡谷集奇峰、怪石、幽谷、秀水、古树、珍草为一体，沟壑险峻狭长，溪水淙淙清幽。其博大雄浑的风格和洪荒原始的意境，深深地震撼了旅游者的心魄。

🦋 天池的传说

在很久很久以前，每逢农历七月七日这天，长白山必有天火喷吐，只见浓烟滚滚、火光满天，大火燃烧七七四十九天才熄，把山上的树木花草全部烧尽，就连各种动物也烧得尽皆无存。山下的老百姓为求生机，只得远逃外地，流离失所痛苦难言。

原来这天火是由一个火魔吐火而造成的。为了救乡亲，降火魔，有个叫日吉纳的姑娘，自告奋勇，要除掉火魔。乡亲们送她一匹宝马，还送给她一束山花，祝愿她马到成功。她辞别了乡亲，跨上宝马，英姿飒爽地上路了。日吉纳一路上饥餐渴饮，昼夜兼程，历尽艰难登上了光秃秃、凄凉凉的长白山顶。她先祷告风神，请求神威消灭火焰，又祷告雪神，乞求帮助灭火。只可惜风雪二神，神力微薄，帮不了她。她没有灰心，接着她求助天鹅仙女，请她飞上天去，请求玉帝赐给降魔法宝，解救苦难中的乡亲。

天鹅仙女被她的壮举感动了，答应了她的请求，很快地飞上了天庭。玉帝听了天鹅仙女的陈述，很支持日吉纳，就赐给她很多冰块，天鹅仙女带着冰块返回地上，交给了日吉纳。

第二年七月七日这天，大火又熊熊地燃烧起来。日吉纳带着刺骨的冰块，登上火山口，一头钻进火口中，此时，风、雪、雨各路神仙，联合起来，各展神术，很快将火口填平，烧红了的山峰、沟谷冷却了，由于冷热不均，一声巨响，山峰塌下来，炸成个巨大的坑，集水成湖。

火魔降服后，她又借助天鹅的两只翅膀，飞上天庭，去答谢玉帝。这天正赶上是王母娘娘的蟠桃盛会，各路天将、诸洞仙神全部在此欢聚，听说下方来了个舍己为人、降妖除怪的小姑娘，都想见一见，看看她是不是长了三头六臂。当她大大方方走到众人面前时，大家一看原来是个普普通通的姑娘，对她更是佩服万分，齐声夸奖："了不起，实乃英雄也。"她的到来，又给蟠桃盛会添了几分欢乐，几分光彩。王母娘娘一高兴就收下她为义女，还口口声地说："看，我女儿能降妖除怪，多有本事。"日吉纳谦虚地说："我个人有何能，多亏各路神仙帮助，全靠玉帝的恩赐，这也是天意呀。"玉帝一听说："好，就封长白山上那个火口湖为天池吧。"天池故此得名。

钟 山

钟山屹立在江苏省南京城东郊，是宁镇山川的主体山脉，主峰海拔448.9米。山体略呈弧形。弧口朝南，远望其山脊宛如一条蜿蜒巨龙、故有"钟山龙"之说。钟山在战国时期原称"金陵山"。秦汉时始称"钟山"。此山北坡有大量紫红色页岩，在阳光下呈紫金色，因而又称为"紫金山"。钟山主峰称北高峰、第二峰居东为茅山、第三峰居西名天堡山，三峰并列如笔架。外围有九华山、富贵山、梅花山等簇拥。山脚有玄武湖、紫霞湖、前湖等秀水点缀。整个山体气势磅礴、雄伟壮丽。钟山自古为兵家必争的战略要地，又是佛教圣地，因而山中名胜古迹比较集中。钟山为龙脉所系，是公认的风水宝地，被历代帝王所重视，因而又是理想的陵墓墓地。今天，这里已经成为著名的陵墓风景区。

钟山之南有明代开国皇帝朱元璋的陵墓；钟山之北有明朝功臣徐达墓、常遇春墓、李文忠墓、吴良和吴桢墓；前坡有闻名中外的中山陵，长眠着伟大的民主革命先行者孙中山先生，旁有民主革命者廖仲恺、何香凝墓；钟山左侧还有辛亥革命名人邓演达墓、谭廷恺墓、范鸿仙墓等。"钟山"集中了南京名胜古迹的精华，尽显了南京山水美景的神韵。

钟山景区是全国旅游胜地"四十佳"之一，享誉国内外，成为来宁游客必游之地。

天文台

天文台坐落在钟山第三峰北侧，此峰曾因太平天国在此筑天堡城，故又称"天堡山"。紫金山天文台建成于1934年9月，是我国自己建立的一座综合性天文台，曾被称为"远东第一台"，是世界著名的天文台之一。这里除了具有当今一流先进的天文观测仪器外，还保留了历代天象观测仪器，如天球仪、浑天仪、简仪、圭表等，可供游人观瞻。

钟山的传说

相传在明朝隆庆二年（1568年），有一得道高僧到达此山，在此修寺建庙，庙中置一大钟，每天敲钟念佛，为众乡亲祈福求雨，十分灵验。一时间此庙香火大盛，声名远播。山下有一村名叫车家沟，村内有货郎与和尚相交甚好，货郎每天挑担赶集，东到安丘，南到沂（yí）水，有时歇脚庙中，与和尚谈经论佛。

有一天，货郎到沂水赶集往回走，由于中午喝了点酒，到达南圈时天色已晚，又加酒力发作，便在村东一深潭边歇脚，不知不觉昏然睡去。也不知过了多长时间，突然被一阵美妙的歌声惊醒，他睁开睡眼望去，只见深潭上戏台高扎，戏台上锣鼓喧天，歌女袅娜，不觉沉浸此中。这时一位美女踏水而来，邀他前去，他不自觉地跟着来到了美女房中，只见珍珠翡翠，满屋生辉，珠罗幔帐，玉床香寝，当晚便与美女成就了百年之好。那美女告诉货郎，自己是潭中一只千年乌龟，因吸收日月精华，变为人形，希望货郎不要与外人道，自可与货郎定期相聚，共享荣华，货郎点头答应。第二天一早，美女送他出潭，货郎仍然白天赶集，夜晚到此住宿，差不多有一个月的时间了。

一天，货郎到东乡贩货，途经和尚庙中，和尚见货郎后凝神不语，半晌后说道："施主印堂发暗，脸色焦黑，恐有性命危险。"并接着问道："你是否有什么事情瞒着我？"货郎不敢如实回答，只说："没有。"和尚说："你的灾难近在眼前，如若不照实说，我是无能为力了。"货郎心里害怕，便将事情的经过，如实向和尚做了述说。和尚说："无妨，你再次去时，可将她的绣花鞋拿来，我仍有办法制服她，叫她不再祸害你。"货郎将老和尚的话谨记在心，第二夜当美女睡熟后，他悄然起来，将美女的绣鞋藏于货担中，出潭急奔寺庙而来。天刚放亮，他便赶到庙中，将绣鞋交给老和尚。和尚急忙设坛，准备作法。

就在这时，那乌龟醒来，发现绣鞋丢失，急忙顺路赶来，见货郎藏在和尚身后，和尚正在仗剑作法。一怒之下，乌龟施展妖法，驱动水兵，只见洪水滚滚，直漫山顶，和尚急命货郎敲钟示警，山下百姓闻警后，见山顶洪水滚滚而下，将到村头，急忙组织向东山逃去。

山上庙宇已被洪水冲走，龟妖仍然兴风作浪，向老和尚直扑。水涨坛高，最后老和尚终于作法将绣鞋钉住，制服了龟妖，并打去了龟妖的千年道行，放了龟妖一条生路，老和尚也累倒在地，力尽而寂。货郎得救了，车家沟的全体村民得救了。

为感谢老和尚鸣钟报警的救命之恩，他们挖山厚葬了老和尚，

名·山·篇

后来他们把老和尚居住的山峰起名叫钟山。

栖霞山

栖霞山位于江苏省南京城东北 22 千米处，又名摄山，南朝时山中建有"栖霞精舍"，因此得名。栖霞山有三峰，主峰三茅峰海拔286 米，又名凤翔峰；东北一山，形若卧龙，名为龙山；西北一山，状如伏虎，名称虎山。栖霞山古迹名胜很多，特别是 2000 年发现的"东飞天"石窟，成为蜚声海内外的旅游胜地。栖霞山没有钟山高峻，但清幽怡静，风景迷人，名胜古迹，遍布诸峰，被誉为"金陵第一名秀山"。尤其是深秋的栖霞，枫林如火，漫山红遍，宛如一幅美丽的画卷，素有"春牛首，秋栖霞"之说。

栖霞山风景区的第一景是明镜湖，有"彩虹明镜"碑立于湖边，它位于栖霞寺大门西面，面积约 3000 平方米，是清乾隆年间兴建的，湖中有湖心亭，并有九曲桥与岸相连，造型精巧，向东有月牙池，向前就来到栖霞寺大门。

栖霞寺

栖霞寺始建于南齐永明七年（489 年）。梁僧朗于此大弘三论教义，被称为江南三论宗初祖。栖霞寺历史上几易其名。最初称栖霞精舍，唐时改名功德寺，五代十国时改为妙因寺，宋代又改名为普云寺、栖霞寺、崇报寺、虎穴寺。明洪武五年（1372 年）复称栖霞寺。清朝末年，太平天国与清兵作战时，栖霞寺毁于战火。1919 年重建。

栖霞寺占地面积 40 多亩，寺前是一片开阔的绿色草坪，有波平如镜的明镜湖和形如弯月的白莲池，四周是葱郁的树木花草，远处是蜿蜒起伏的山峰，空气清新，景色幽静秀丽。寺内主要建筑有山门、弥勒佛殿、毗卢宝殿、法堂、念佛堂、藏经楼、过海大师纪念堂、舍利石塔。寺前有明徽君碑，寺后有千佛岩等众多名胜。

寺前左侧有明徽君碑，是初唐为纪念明僧绍而立，碑文为唐高宗李治撰文，唐代书法家高正臣所书，碑阴"栖霞"二字，传为李治亲笔所题。此乃江南古碑之一，是珍贵文物。

进入山门，便是弥勒佛殿，殿内供奉袒胸露乳、面带笑容的弥勒佛，背后韦驮天王，昂首挺立。出殿拾级而上，是寺内的主要殿堂枣大雄宝殿，殿内供奉着高达10米的释迦牟尼佛。其后为毗卢宝殿，雄伟庄严，正中供奉高约5米的金身毗卢遮那佛，弟子梵王、帝释侍立左右，二十诸天分列大殿两侧。佛后是海岛观音塑像，观世音伫立鳌头号，善财、龙女侍立身旁，观音三十二应化身遍布全岛。堂内塑像，工艺精湛，入化传神，令人赞叹。

过了毗卢宝殿，依山而建的是法堂、念佛堂和藏经楼。藏经楼内珍态着汉文《大藏经》7168卷，另有各种经书1.4万余册。在佛龛中供奉着释迦牟尼玉像一尊。藏经楼左侧为"过海大师纪念堂"，堂内供奉着鉴真和尚脱纱像，陈列着鉴真和尚第六次东渡图以及鉴真和尚纪念集等文物，这些都是日本佛教界赠送的，是中日佛教界友好往来的历史见证。

栖霞山的传说

据说很久很久以前，栖霞山与四周其他的山没有什么两样。上面生满了杂色树种，没有针叶林。奇怪的是主峰上却有一棵两抱来粗的樟子松，干枝挺拔，针叶茂密。每年这棵巨大的樟子松上面都结有很多的树塔。可让人纳闷的是，在它四周围根本看不到一棵小松树。

有一年，一个叫栖的少年猎人来到了这个山岭。当他看到这棵巨大的樟子松旁边有一个可以容身的石洞时，就把这里当成了家。白天，他凭借着准确的箭法，到旁边的山上打猎，晚上就睡在石洞里，日子过得有滋有味。

日子一天天过去，少年栖已长成高壮的青年了。有一年的晚秋，栖因为贪看风景，不知不觉回来晚了。半路上，天上忽然飘起了百年不遇的鹅毛大雪，这雪越下越大，不一会的工夫就把整个山严严实实地包裹了起来。

栖迷路了。他又累又饿，已经挪不动步了，可是他仍然坚信自己一定能找到家。他咬咬牙，挂着长弓吃力地向山顶走去……

栖费了九牛二虎之力，好不容易辨别方向挪到了他居住的山顶，便一屁股倚着山顶上那棵樟子松坐了下来。刚坐下，漫天飞舞的大雪忽然停了下来，星星眨着眼睛出来了，皎洁的一轮圆月正微笑着注视着他。

就在栖诧异眼前这一切的时候，眼前不知什么时候出现了一位美丽的少女，那少女缓步上前对着栖说道："我是这山的山神，我的名字叫霞。那棵高大的樟子松就是我的化身。"

栖简直不敢相信自己的眼睛：难道这些年来，我一直与这位美丽的树神做着邻居？我为什么一直没有发现呀？

见栖面露惊讶的表情，树神霞微笑着说："今天要不是考验你的毅力，我是不会现身的。""考验我什么呀？请告诉我。"栖还是不解。

霞停顿了片刻，满脸含笑地对栖说道："傻小子，你什么都不知道。这些年，我看到你从来不在这个山上打猎，并且爱护这座山上的一草一木，就喜欢上你了。但我们树神家族有个规矩，与谁结婚这样的大事，并不看是不是我们的同类，关键是要看有没有缘分。

今天的暴雪，就是考验你在面对困难的时候，是否有诚意回到我的身边来。"

听到这里，栖的脸一下红到了耳根子。他结结巴巴地说："我连自己都照顾不过来，怎么照顾你呀？"没容栖讲完，霞便打断他的话说："只要我们相爱就够了，何必说那样的话呢？"说着，霞一挥手，顿时满山遍地长满苍翠的樟子松，林下珍稀植物遍地。栖再也不用去打猎了。

从此，他们一年又一年地在这座山上过着幸福的生活。

若干年过去了，虽然人们再也没有看到过他们，但据当年开发塔河的第一代老人们讲，当年他们刚来到这里的时候，曾看到山顶上那棵巨大的樟子松依然苍翠遮天。人们为了永远记下这段久远的故事，就把当年那个猎人的名字——栖与树神的名字——霞合并在一起，他们生活过的山，便有了一个全新的名字——栖霞山。

云台山

位于江苏省连云港市东北 30 多千米处的云台山风景名胜区，是以山水岩洞为特色的景区，包括花果山、孔望山、宿城、海滨 4 个部分。面积约 180 平方千米。其中，花果山以古典名著《西游记》所描述的"齐天大圣的老家"而闻名于世。

云台山从西到东分前、中、后云台山，其中前云台山范围最大，地势最高。景区内有秀美的大小山峰 134 座。山岳地层经长期的海水侵蚀冲刷和频繁的地质变化形成了千姿百态的海浪石、海蚀洞及壮丽的石海胜景。云台山由于特殊的地理位置，具有从北亚热带向

暖温带过渡的特点，冬温夏凉，降水充裕，生物资源丰富，是我国赤松林分布的南界。

云台山古称郁洲山、郁林山，唐宋时称苍梧山。明嘉靖年间道教兴盛，寺庙宫殿遍布全山，多达 120 余座，有"海内四大灵山之一"、"七十一福地"的美誉。具有"海、古、神、奇"特色的三元宫、海清寺阿育王塔、东磊石海、郁林观摩崖石刻颇具盛名。

花果山风景区

花果山风景区，景区面积 84.3 平方千米，层峦叠嶂 136 峰，其中花果山玉女峰是江苏省最高峰，海拔 625.3 米，峭壁悬崖，巍峨壮观。

花果山集山石、海景、古迹、神话于一身，具有很高的观赏、游览和历史科学研究价值，有着丰富的人文景观和秀美的自然景观。

自然景观呈现山海相依、峻峭与开阔呼应对比的壮丽景色。山里古树参天、水流潺潺、花果飘香、猕猴嬉闹、奇峰异洞、怪石云海、景色神奇秀丽，野生植物资源十分丰富，共有植物种类 1700 余种，其中药物资源就有 1190 种，金镶玉竹、古银杏等都是省内罕见、国内少有的树种和古树古木，是江苏省重要的野生植物资源库，每年吸引了国内外许多高校、科研单位的专家学者来此考察研究。与《西游记》故事相关联的孙悟空降生地的女娲石、栖身之水帘洞，以及七十二洞、唐僧崖、八戒石、沙僧石等，神形惟妙惟肖、栩栩如生。

花果山的人文景观源远流长，唐、宋、元、明、清都先后在这里筑庙建塔，使它成为香火旺盛的佛教圣地、海内四大灵山之一。早在明万历三十年，朱翊钧皇帝已颁旨花果山中的主庙宇三元宫为天下名山寺院，清康熙皇帝亲题"遥镇洪流"四字镌刻在花果山主峰玉女峰上，以表对花果山神灵的敬仰。毛泽东主席生前对《西游记》很有研究，他特别关注《西游记》孙悟空的老家花果山，花果山上镌刻的"孙猴子的老家在新海连市（现连云港市）云台山"的石碑被称为"毛公碑"。

花果山景观特色鲜明，它具有迷离神奇的色彩，《西游记》里描述的花果山美猴王水帘洞以及神话中女娲补天遗留下来的娲遗石等种种神话和民间传说，把自然界与人文景观融为一体，相得益彰，形成了独特的景观风貌，具有很强的感染力，发人遐想。

大桅尖的传说

从前，大海上住着张家父子，长年累月以弄船为生。父子两人不怕风浪，勤俭节约，日子过得还算不错。

儿子到了成亲的岁数，说上了一门亲事，这年腊月下了聘礼，单等来年春天盖两间草屋，就把媳妇娶过门。

过了年，父子俩一合计，盖屋的钱还差不少，便决定连天赶夜出海捕鱼捞虾，把钱凑足了，再动手盖房。

这一天，父子俩出了海，头几网就兴旺，网网都是两三尺长的大马鲛，父子俩满心欢喜，直到天黑鱼已满舱了还不肯收网。

太阳下了山，天上起了云，跟着就刮起了大风，海浪把船往岸边冲。连舵都把不住，离岸约莫二三十里的时候，突然"咔嚓"一声响，船底撞上了暗礁，破了个大窟窿，直往下沉，转眼之间，船就沉没了。

张家父子抱着一块破船板在浪中颠荡，正要往岸上游，父亲忽然说："儿啊，我们倒是游走了，谁知这里的水下藏着暗山，日后过往船只，不是还会遭殃吗？"

儿子点头称是，但也想不出好主意。父亲"呼隆"沉入船底，过了一阵钻出水面说："我们船的大桅尖离水面不到一人高，儿啊，若要让渔民不遭殃，我们钻到水底把它顶起来，大桅尖露出水面，

过往的渔船看见了，就可以绕道而行了。"

儿子点点头，同意父亲的说法，但又犹豫，只是十分挂念没过门的媳妇，怕她难过，承受不住。父亲对儿子说："姑娘日后知道了，只要她一望到海，就会看见我们父子托起的大桅尖，她一定佩服你的。"

父子俩一商定，赶忙沉到水底，把船托了起来，从此，大桅尖高高露出了水面，救了无数过往船只。

又过了多少年，大桅尖慢慢化作一座山峰，高入云端，这就是云台山的最高峰——大桅尖。

天台山

天台山风景名胜区地处浙江省天台县境内，是杭宁温三角的中心，面积 150 平方千米。天台山以"山水神奇、佛宗仙源"著称，素有"黄山之秀，天台之奇"之说。

天台山群峰竞妍，奇岩多姿，飞瀑腾空，修竹蔽日。主峰华顶峰海拔 1138 米。山中美景处处，有清帝乾隆御批"天台十景图"：赤城栖霞、双涧回澜、螺溪钓艇、石梁飞瀑、华顶归云、凉台夜月、桃源春晓、寒岩夕照、清溪落雁、南山秋色。

天台山的自然景观得天独厚，人文景观悠久灿烂。这里既有汉末高道葛玄炼丹的"仙山"桃溪、碧玉连环的"仙都"琼台、道教"南宗"圣地桐柏、天下第六洞天玉京；又有佛教"五百罗汉道场"石梁方广寺、隋代古刹国清寺、唐代诗僧寒山子隐居地寒石山、宋禅宗"五山十刹"之一的万年寺和全国重点寺院高明寺；还有那画不尽的奇石、幽洞、飞瀑、清泉，说不完的古木、名花、珍禽、异兽，因而获得"佛宗道源，山水神秀"的美称。

天台山是我国佛教天台宗的发源地。国清寺为天台宗总道场，是日韩两国天台宗祖庭。它建在华顶山南麓，建筑规模宏大，有殿宇14座，房屋600余间，总面积73000平方米，主要建筑分布在3条轴线上。整个建筑群由1800余米的环廊连接，高低错落有致，禅门深深，堪称古代建筑之奇。大雄宝殿内供奉明代铜铸贴金释迦牟尼坐像，金碧辉煌；殿东侧有一棵隋代古梅，枝叶繁茂。

天台山历代都是名人雅士、文人骚客访古探幽的佳地。唐代诗僧寒山子隐居天台山70年，留下诗作300余首。王羲之、孟浩然、苏东坡、陆游、徐霞客、康有为、郭沫若等都在此留下足迹、诗文。

三仙下天台的传说

传说很早很早以前，一天夜里，有三个神仙来到天台山。他们是石仙、塔仙和海仙，奉玉帝之命，一个到石梁造桥，一个到国清寺造塔，一个把海水赶到苍山合酉的地方。

造桥的石仙来到石梁，只见飞瀑从天而降，水花飞溅，一泻千丈；两峰对立，两边都是悬崖峭壁，必须从中间架一座桥。那石仙好气力，双手抓住两边的岩笋使劲一拉，哗啦一声，两峰联结在一起，变成一座石梁桥。这座石梁桥长二丈，背宽五寸，龙形龟背，又窄又险，桥上飞瀑临空，桥下水流湍急，身临其地，惊心动魄。石仙造了石梁后无事可做，时间还只半夜，灵机一动，想戏弄塔仙和海仙一下。他装作公鸡，"喔喔喔"地啼叫起来。

一鸡唱，百鸡应，鸡鸣早看天，黎明在眼前。神仙做事是不让凡人知道的，造塔的塔仙摄去了附近各村的青年，搬的搬，垒的垒，人来车往，川流不息。塔身已经完工，正准备放上塔头。塔头已经造好，放在五里外的金鸡岭。听到鸡啼，来不及装上，塔仙就偷偷

名·山·篇

MINGSHANPIAN

地遁走了。这天夜里，附近各村的青年都做了一个梦，梦见自己担着家里的灶砖到国清寺造塔。醒来一看，国清寺前果然多了一座塔。这座塔看上去呈暗红色，传说就是灶砖造的，但它还少个头。塔头在金鸡岭拿不过来，人们就在那里造了座寺，叫"塔头寺"。

那赶海水的海仙，来到碧波万顷的东洋大海，手里挥着神鞭，赶着海水，朝天台合酉而来。一路上海水所到之处，水浪哗哗，波涛汹涌，鱼虾成群，上下欢腾，平地顷刻变成海洋。谁知海仙刚把海水赶到三门海游地方，忽听一声鸡啼，心里一慌，把海游当作合酉，以为到了目的地，马上遁走了。所以，合酉地方仍是陆地，看不到海，海水到海游就不上来了。现在，欢岙（ào）口还能看到一块小岩石，传说是海仙把船桩都早已埋好了。

普陀山

"海天佛国"——普陀山位于浙江省舟山市舟山群岛的东部，它以山海兼胜的自然风光和悠久的宗教文化名扬天下，为我国四大佛教名山之一。

普陀山历史悠久，山名历代更改较多。西汉时称梅岑；宋时称白华山，后改称补怛洛迦（是梵文音译），意为"美丽的小白花"，而从元、明两代起称此山为普陀山。

普陀山佛教文化灿烂深厚。唐朝末年佛教在此兴起，嘉定七年（1214年）被指定为观音道场。佛教鼎盛时期，山上有3大寺，88庵堂，128茅篷，僧尼3000人，真可谓"山当曲处皆藏寺，路欲穷时又遇僧"。目前开放的有普济寺、慧济寺等寺庙30多处，殿宇巍峨，佛像庄严。"南海观音"铜像高 33 米，金碧辉煌，宏伟壮观。

普陀山风景区总面积 41.95 平方千米，普陀山四面环海，风光旖旎，幽幻独特，被誉为"第一人间清净地"。山石林木、寺塔崖刻、梵音涛声，皆充满佛国神秘色彩。岛上树木丰茂，古樟遍野，鸟语花香，素有"海岛植物园"之称。全山共有 66 种百年以上的树木 1221 株。除千年古樟，还有被列为国家一级保护植物的我国特有的珍稀濒危物种普陀鹅耳枥。岛四周金沙绵亘、白浪环绕，渔帆竞发、青峰翠峦、银涛金沙环绕着大批古刹精舍，构成了一幅幅绚丽多姿的画卷。岩壑奇秀，磐陀石、二龟听法石、心字石、梵音洞、潮音洞、朝阳洞等。大多的名胜古迹，都与观音结下了不解之缘，流传着美妙动人的传说。它们各呈奇姿，引人入胜。普陀十二景，或险峻、或幽幻、或奇特，给人以无限遐想。

普济禅寺

普济禅寺又叫前寺，坐落在普陀山南、灵鹫峰下，是供奉观音的主刹。全寺占地 37019 平方米，建筑总面积 15289 平方米。寺内有大圆通殿、天王殿、藏经楼等，殿、堂、楼、轩共计 357 间。大圆通殿是全寺主殿，人称"活大殿"，供奉着高 8.8 米的毗卢观音。普济禅寺与法雨禅寺、慧济禅寺并称为普陀山三大禅寺。

普济禅寺的前身为不肯去观音院，创建于唐咸通年间，后宋神宗于 1080 年将其改名为"陀观音寺"，专供观音菩萨，香火始盛。到南宋嘉定年间，御赐"圆通宝殿"匾额，指定普陀山为专供观音的道场。后来明初朱元璋实行海禁毁寺，直到明万历三十三年（1605 年）朝廷拨款重建，并赐额敕建"护国永寿普陀禅寺"，使普济寺成为当时江南规模最大的寺院。清康熙年间，遭荷兰殖民侵略者践踏，寺院被劫掠一空。1689 年海疆平息后，康熙下旨重新修缮、扩大规模，至雍正九年（1731 年）时基本完成，现在的大部分

建筑都是这期间完成的。抗日战争后，寺院萧条败落；"文革"期间佛像尽毁，僧侣被遣散。1979年开始全面修复原貌，重筑了毗卢观音等佛像和楼阁，形成了现在的规模。

法雨禅寺

法雨禅寺又称后寺，在普陀山白华顶左、光熙峰下，距普济寺2.8千米，为普陀三大寺之一。

法雨寺创建于明万历八年（1581年），因当时此地泉石幽胜，结茅为庵，取"法海潮音"之义，取名"海潮庵"；万历二十二年（1595年）改名"海潮寺"，三十四年（1597年）又名"护国镇海禅寺"。现法雨寺占地33408平方米，现存殿宇294间，依山取势，分列六层台基上。入山门依次升级，中轴线上有天王殿，后有玉佛殿，两殿之间有钟鼓楼，又后依次为观音殿、御碑殿、大雄宝殿、藏经楼、方丈殿。观音殿又称九龙殿，九龙雕刻十分精致生动，九龙殿内的九龙藻井及部分琉璃瓦从南京明代宫殿拆迁而来，被誉为普陀山三宝之一。整座寺庙宏大高远，气象超凡；不远处的千步金沙空旷舒坦，海浪声日夜轰鸣；北宋王安石曾赞之"树色秋擎书，钟声浪答回"。

不肯去观音院的传说

普陀山是观音的道场，岛上有普济寺、法雨寺、慧济寺等寺院，寺院里主要供奉的都是观音，有一个叫做"不肯去观音院"的小寺院的名字还有一段传说呢。

据传，有位名叫慧锷的日本和尚来到中国，在五台山见到有尊檀香木雕成的观音佛像栩栩如生，十分喜爱，方丈就将佛像送给了慧锷。

慧锷打算将观音像带回日本去建寺供养，回去的路上，船到普陀山，突然刮起了大风，慧锷只好抛锚落帆，等大风平息后再走。

游·遍·名·山·大·川

YOU BIAN MING SHAN DA CHUAN

第二天，风息了，浪平了，慧锷扬帆起航，可是船刚驶出不远，洋面上突然升起浓雾挡住了去路。船在海上绕来绕去，最后还是回到了普陀山。到了第三天，海面上又是风又是浪，船根本无法行驶，慧锷想，一次又一次开船，都有风浪和大雾阻挡，难道是观音大士不愿去日本么？他跪在观音像面前祷告说：观音大士是不是不肯去日本？如果您真的不肯去，我就在这里建寺院把您供起来吧！话音未落，云也散了，天也晴了，慧锷看海边沙滩上金光闪闪，海潮时退时涨；郁郁葱葱的山峰周围，是一片茫茫无际的海洋。晨观日出，夜听潮声，真是个风景秀丽的好地方。周围的渔民听说慧锷和尚要建佛院，都来相助，没多久，就造起了一座小佛院。

从此，这尊檀香木雕成的观音像就留在普陀山了，而这座普陀山最早建成的小佛院也被当地信徒称为不肯去观音院。

雁荡山

雁荡山位于浙江省乐清市境内，因"山顶有湖，芦苇丛生，结草为荡，秋雁宿之"而得名"雁荡"。它距杭州 297 千米，距温州 68 千米。

雁荡山素有"海上名山"、"寰中绝胜"之誉，古为我国"东南第一山"，以"山水奇秀"驰名中外。雁荡山系绵延数百千米，按地理位置不同可分为北雁荡山、中雁荡山、南雁荡山、西雁荡山（泽雅）、东雁荡山（洞头半屏山），通常所说的雁荡山风景区主要是指乐清市境内的北雁荡山。

北雁荡山，群峰峥嵘、怪石嶙峋、洞壁幽深、泉瀑雄奇、梵宇壮观、古木参天，自古就有"寰中绝胜"之誉。雁荡胜景可分为灵峰、灵岩、大龙湫、显圣门、雁湖 5 个景区，景点多达 380 余处，计有 102 峰、64 岩、26 石、46 洞、14 嶂、18 瀑等，雁荡奇峰林立，较为著名的有卓笔峰、独秀峰、玉女峰等，这些奇峰或拟兽或拟物，形状栩栩如生。如果在不同的时间从不同的角度去观赏，则有一峰多态之神妙。

雁荡 46 洞中，以观音洞最高、天窗洞最险、仙人洞最大、仙姑洞最奇。观音洞嵌于合掌峰中，最早为唐代高僧善牧的居所。洞高 100 米，宽深各 40 余米，洞内佛楼倚岩而建，高达 9 层。入洞口处为天王殿，内塑四大金刚，殿后有 377 级石磴，直达顶屋。顶屋为观音殿，其余为僧舍。从第 8 层楼左壁往洞口看，可见一尊一丁点儿大的观音佛像端坐在莲台上，此谓"一指观音"。从洞顶往外望，天空仅留一线，人称"一线天"。洞内尚有洗心、漱玉诸泉，最顶层的大殿旁还有一处洗心池，水质清淳甘洌。雁荡瀑布以大龙湫、散水岩、西大瀑、梅雨瀑、三折瀑等最负盛名。这瀑布终年奔泻不息，随着季节、晴雨、风力的变化，形态各异。有的如匹练横空，银河倒挂；有的似珠帘成串，烟雨霏霏；有的凌空飘洒，因风作态。

雁荡三绝

灵峰、灵岩、大龙湫三个景区被称为"雁荡三绝"。

灵峰是雁荡山的东大门。危峰乱叠，山外有山，谷中有谷，无峰不奇，无石不怪。主要名胜有：玉女、金鸡、独秀、双笋、巨柱、一帆、仙仗、会仙、新娘、吹箫。这里每一个山峰都寓意着一种不同风格之美。灵峰日景耐看，夜景更销魂。每当夜幕降临，诸峰剪出片片倩影，"雄鹰敛翅"、"犀牛望月"、"夫妻峰"、"相思女"……一一显灵，形神兼备，令人神思飞翔，浮想联翩。

灵岩因状如屏风而被称屏霞嶂，以灵岩为据点，它建于北宋太平兴国四年（979年），周围古木参天，险峰奇石。至灵岩寺前，映入眼帘的有天窗洞、霞客亭，还有群山环抱。这里无洞不奇，无洞不巧，有的藏于两峰之间，有的嵌夹在悬崖上。

三折瀑是造物主玩弄的一个迷藏，它居然瞒过了徐霞客的眼睛，直到本世纪才向人展露真容。名山如名著，就这般能予人以不断发现的惊喜。在雁荡山众多瀑布中，三折瀑最为奇异，其中尤以中折瀑为极致——有人甚至称它为"雁山第一胜景"。据说包藏中折瀑的是冷却了的火山口，火与水如此相克又相生，竟造就了天地间的一种奇观。瀑分三折天上来，自属高远型风景，然而就在近旁，一条叫做初月谷的峡谷却显示了雁荡山幽深的一面，此谷把气象万千的雁荡山第一名嶂铁城嶂抱在怀里，藏藏抱抱反而把境界扩大了。"藏"是雁荡山的一种绝技。

站在大龙湫峡谷，只见一道势不可挡的瀑布飞泻而下，坠入197米深的峡谷；瀑布下水珠晶莹，犹如杨花飘落，使大龙湫峡谷显得更加壮观和妩媚。大龙湫的水变幻无穷，正如清时袁枚所写："五丈以上尚是水，十丈以下全为烟。况复百丈至千丈，水云烟雾难分焉。"

夫妻峰的传说

朦胧的黄昏，日里被人们称为合掌峰的那座山峰，就变了样子，好比一对温情脉脉的情侣：那右边稍高的灵峰，像一位身穿马褂的俊伟青年；左边那座倚天峰，又如一位窈窕淑女，披着长发，左手搭在青年的肩上，而青年的右手挽着姑娘的纤腰。他俩偎依着，在月下窃窃私语。

相传很多年前，合掌峰下住着一位赵天官，他有个独生子名叫小郎，那年已二十二岁，只因癞头、麻面、拐脚，相貌丑陋，未能婚配。那小郎竟不自量，非美貌淑女不娶。天官到处求访，打听得

将军洞内张将军有个独生女，名叫素贞，年方十八，有沉鱼落雁之姿，就用重金请李媒婆前去说亲。李媒婆一生练就一张"尺水能掀百丈波"的巧嘴，经她一番花言巧语，将军自然允诺，接过了聘礼，择定八月十八日的吉日良辰，送女成婚。

天官当然高兴，但又愁拜堂之时儿子丑相一旦暴露，吵起来，那儿子的婚事必然成为泡影。媒婆当即献了一条李代桃僵之计，说如此如此，万无一失，只要生米煮成熟饭，将军后悔也来不及了。而且你的职位又在他之上，看他能将你如何？天官一听，连连点头说妙，便吩咐手下速请外甥王聪明前来议事。王聪明是个文武全才的后生，人也俊秀，只因父母双亡，才寄居舅家。如今听了舅父的意旨，暗自思忖了一番，也只好遵命照办。

到了八月十八日这个"黄道吉日"，赵府上挂灯结彩，管乐齐鸣，一派喜庆。天官还邀请了观音洞中的一指观音、土地爷，超云峰上的金童玉女，倚天峰前的五老三贤等诸位近邻前来赴席。及至一对新人拜过天地，拥入洞房后，赵府亲友还在啧啧称赞说："好一对郎才女貌的好夫妻！"

待到夜静客散时，新娘坐在床沿上偷偷地看了一眼新郎，见他十分标致，心中非常满意。但新郎只管对案读书，素贞起初也还以为他有些腼腆，及至三更已过，见他仍然不释卷，素贞倒有些介意起来，但新婚之夜，要开口催他上床，总觉羞答答地难以启齿。于是她灵机一动，走到窗口装作欣赏犀牛峰，口吟一联："犀牛不吃草，光看月亮圆。"新郎听后自然会意，偷看了新娘一眼，觉得新娘貌美才捷，不禁轻轻叹了一口气，走到另一个窗口装作欣赏金鸡峰和渡船岩，立即口吟一联："五更金鸡叫，渡船快快摇。"意思是说，可惜五更过后，他很快就要走了。素贞又怎能想到这个新郎是个代新郎，名叫王聪明呢！这样猜了一阵哑谜之后，素贞就自己和衣上床睡了。王聪明怕她着凉，替她盖好红缎被后，准备要走。

　　到了五更，小郎在洞房外，踮起脚尖，探头探脑，早已等得难受。当王聪明刚迈出房门，小郎就急匆匆地溜了进来，挨着素贞身边睡下。等到鸡叫天亮，素贞睁开睡眼，发觉一个癞头、麻面的丑汉睡在自己身边，吓了一大跳，立即下床，厉声啐道："你是谁？竟敢如此无礼，赶走我的心上人！"小郎这时只好直说："娘子，我就是天官之子小郎，才真正是你的心上人呢。至于昨晚代我行交拜之礼的乃是我表弟王聪明，此事请勿见怪。"说着就拐着腿，意欲前去拥抱。素贞当即大怒，打了他一个嘴巴，冲出洞房，直奔将军洞去了。

　　将军听了女儿的哭诉，怒不可遏，立即奔到真济寺前的"系马桩"，解开马，翻身而上，抽出宝剑，劈倒灵峰，突破石门，疾马驰去。吓得超云峰壁的"五鼠争洞"、"壁虎倒挂"，碧霄峰旁"溪鳖上山"，北斗洞内的"鸡鸭同窝"、"青蛙挂壁"，北斗洞前"双虎伏地"，双笋峰顶的"乌龟朝天"，群兽纷纷闪避。他一口气冲进赵府。天官和媒婆知将军来意不善，拔腿从后门逃走。将军紧紧追赶，于是天官被赶到果盒桥外，媒婆被撵到塔头岭上。

　　将军余怒未息，忙找来土地爷写状，请五老三贤作证，准备亲自到玉皇大帝尊前去告状。这场官司是否打赢，谁也不晓得。据说还是观音大士发了善心，为使有情人终成眷属，便嘴里念念有词："阿弥陀佛，善哉，善哉，我叫你们夜夜夫妻多恩爱，日日合掌朝人拜。"便将王聪明和张素贞化为一座巨大的不可分离的夫妻峰。

雪窦山

雪窦山风景名胜区位于浙江省奉化市，包括溪口镇、雪窦山、亭下湖三部分，素以清幽雄奇而闻名遐迩。

雪窦山在溪口镇 8 千米处，四明山东沿，最高峰海拔 917 米，被赞为"四明第一山"、"雪窦山水甲四明"。山顶开阔，群峰峥嵘，峰上有石窦（洞），有清泉喷涌而发，色白如乳，飞洒如雪，故名雪窦山。山中的千丈岩、妙高台、三隐潭、徐凫岩、飞雪亭、御书亭、仰止桥以及天下禅宗雪窦寺等胜景各具佳趣。

雪窦寺，坐落在雪窦山顶，始建于唐代，千百年来，香火旺盛，高僧辈出，我国佛教界将它与杭州中天竺天宁万寿永祚寺、南京蒋山太平兴国寺等 9 寺并称"天下禅宗十刹"，有极高地位。寺前有古银杏两株，寺后有张学良将军亲栽楠木两棵，繁茂蔽日，人称"将军楠"。

千丈岩瀑布在雪窦寺南，乳泉之水流入锦镜池，穿过关山桥，在千丈岩倾泻而下，自岩顶至深潭，高达 186 米。半壁有巨石相隔，每逢春夏，大雨滂沱，飞流直下，至半壁为巨石所碰撞，击碎溪岩飞雪，经日光照耀，便会出现一道长虹，蔚为奇观。妙高台又名天柱峰，峭壁悬崖、三面凌空、山顶平坦如台，四周修竹蔽日。三隐潭瀑布是一条涧水形成的上、中、下瀑布，富有溪谷野趣。位于雪窦山顶的徐凫岩瀑布高 242 米，相传有仙人骑凫在此升天，有"江浙第一瀑"之誉。

溪口镇山明水秀，风光旖旎。武岭门雄踞镇口。山脚的憩水桥、山腰的书亭、中街上的古建筑丰镐房屋都极具历史韵味。亭下湖是剡溪上游的大型人工湖景区，面积 6 平方千米，湖山景观美不胜收。妙高台别墅，1930 年所建，旧时为蒋介石专用。现楼房已修葺一新。

🦋 雪窦山"商量岗"的传说

很早以前，有两个和尚修行得了正果，即将上天成佛。一个是雪窦寺住持和尚，另一位是他的师父，在杖锡寺做住持。有一天，他俩来到东岙村后的山尖上下棋。只下了一局棋，人间已经过去一个世纪。他俩下得肚子饿了，师父指望天上能掉下可吃的东西，使出身上法道，把手中的拐杖朝天上丢出。拐杖出手后，朝天空飞行，不偏不倚，正巧打在过路的"梅龙精"头皮上，痛得"梅龙精"差点昏去。"梅龙精"也非等闲之辈，伸手接住拐杖，仔细辨认，才知是个法宝，曾经见过。他再仔细辨认，发现是杖锡寺老和尚不离手的宝贝。他借用拐杖，施展法术，拐杖头朝着西山杖锡寺，只听得说声"放！"拐杖头射出一道红光，直射杖锡寺。然后，收起拐杖，顺手丢出。

杖锡寺和尚的后背挨了一拐杖。这一拐杖不打紧，但杖锡和尚的道行折损五百年。他接回拐杖，见上面刻着"梅龙"两字，才知"梅龙精"做了手脚。他懊悔不迭，害人反害自身啊！自己损失五百年道行倒还罢了，杖锡寺将走向败落。于是，他想了个办法，将面临败落的杖锡寺责任推给他的徒弟。他开口说："我与你商量一件事，咱俩住持的位置对调一下好吗？杖锡寺的规模你是知道的，比起雪窦寺大得多，香火旺，佛徒众，你到那里去，一定会早日上天。你看如何？"他的徒弟很清楚杖锡寺是个很兴旺的寺院，比五台山还要出名，在江浙一带，除了杭州灵隐寺、天台国清寺外，便是杖锡寺了。但他喜欢雪窦寺优美的风景和周围香客对佛的虔诚，况且自己住惯了雪窦寺。山门虽小，只要真心修道，功夫自然会到家，何

处不能成佛？他心里不太愿意去杖锡寺。但在师父面前，又不能表现出不乐意。于是，他想了个法子，对师父说："调换住持，是要商量。咱们再下两局棋吧，若是我输了，就去杖锡寺，如果师父没赢我，那你回杖锡寺吧！"

老和尚觉得徒弟言之有理，点头同意。两人继续下棋。老和尚向来不把他的徒弟放在眼里，他急于想赢对手，失去良好的心态，当走错一步棋后，就大骂徒弟不让一手，生着气跳上云头，长思棋艺，徒弟趁师父思考期间，脚踩云尖，悠悠安闲，到天庭寻找饮食充饥。老和尚终因屡屡失手，接连输了两局。收摊时，人间又过了两百多年。老和尚手提拐杖，与徒弟分手，回他的杖锡寺。

回到杖锡寺的和尚须发已灰白。他走进庙门，打听到他出寺以来，一直没有住持，寺里由另一名师父代理。老和尚便说明自己原是住持，出去一趟才回来。众和尚问他到哪里去了，怎么才回来？他回答说："在'商量岗'跟徒弟商量去了。"众和尚一听，哈哈大笑，你们商量一件事要三百多年，真够拖拉的！老和尚不好把自己下棋打赌，进出天庭的事说与众和尚听，耍了个点子说："不是我不想回来，实在那地方太好了。"众和尚问："在哪里？"老和尚摸着长须说："就在'商量岗'啊！"他用手一指寺院后边山峰道："就在那边，举目可见。"众和尚道："那是我们常去砍柴的地方，近在眼前哪！"老和尚笑道："嘿嘿，近者不知远也，远者哪知近乎？此乃为人之道矣！"从此，才有"商量岗"这个名称。

琅琊山

"环滁皆山也，其西南诸峰，林壑尤美，望之蔚然而深秀者，琅琊也……"琅琊山风景区位于安徽省滁州市南约 5 千米处的群山之中，山色绚丽，林深木秀，景色清爽，素有"蓬莱之后无别山"的赞誉。

琅琊山，古称摩陀岭，因东晋琅琊王避难于此，故得此名。风景区包括琅琊山、城西湖、姑山湖、三古寺 4 大景区，面积 115 平方千米。主要山峰有摩陀岭、凤凰山、大丰山、小丰山、琅琊山等。琅琊山险峻而秀美，林木茂密，花草烂漫。数百年的松树、梅树苍劲挺拔；特有的琅琊榆、醉翁榆亭亭玉立；琅琊溪清澈甘洌，潺潺不绝；礼泉、紫薇泉等散布山间；归云洞、雪鸿洞等神奇诱人。

琅琊山不仅以其山水之美而著称于世，更有古清流关、唐代琅琊寺、宋代醉翁亭、丰乐亭、唐代画圣吴道子刻绘的观音像、宋代书法大家苏轼敬书"一代宗师"欧阳修的名篇《醉翁亭记》碑刻等丰富的人文景观；唐寺、宋亭、南唐古关、幽深古道相映生辉，吸引了宋朝以后历代的文人墨客、达官显贵前来访古探幽，吟诗作赋，造就了琅琊山独有的名山、名林、名泉、名洞、名亭、名寺、名文、名人等"八名"胜境。山林幽谷中重修和复建的南天门、琅琊墨苑、深秀湖、欧阳修纪念馆等景点和苏唐青、苏轼、赵孟頫、董其昌、文征明、祝枝山、张瑞图、黄元治等历代书法名家书写的《醉翁亭记》，"真、草、隶、篆"碑刻与山中原有的古道、古建筑相得益彰。

🍁 醉翁亭

醉翁亭小巧独特，具有江南亭台特色。它紧靠峻峭的山壁，飞檐凌空挑出。数百年来虽屡次遭劫，又屡次复建，终不为人所忘。

醉翁亭一带的建筑，布局紧凑别致，具有江南园林特色。总面积虽不到 1000 平方米，却有 9 处互不雷同的景致。醉翁亭、宝宋斋、冯公祠、古梅亭、影香亭、意在亭、怡亭、古梅台、览余台，

风格各异，人称"醉翁九景"。醉翁亭前有"让泉"，终年水声潺潺，清澈见底。琅琊山不仅山色淡雅，而且文化渊源久远；自唐宋以来韦应物、欧阳修、辛弃疾、王安石、梅尧臣、宋濂、文征明、曾巩、薛时雨等历代无数文豪墨客，赋诗题咏，皆在山中。醉翁亭中有宋代大文豪苏轼手书的《醉翁亭记》碑刻，称为"欧文苏字"。亭后最高处有一高台，名曰"玄帝宫"，登台环视，只见群山滴翠，百鸟齐鸣，令人心旷神怡！

琅琊寺

琅琊寺依山而建，殿堂隐映在绿树碧水之中。琅琊寺在建筑风格上兼具南北两种建筑风格，庙门、院墙及寺外各建筑采用红墙、拱门，有北方皇家陵园建筑风格。但寺内有明月观、山门、藏经楼等建筑则采用粉墙、细木柱、鹅颈椅、漏窗、小青瓦屋等江南古典园林建筑处理手法，十分独特。

琅琊寺的第一道山门上有"琅琊胜境"四个大字。通过石板路进入韦驮殿，也称弥勒殿，殿中供奉着弥勒佛、韦驮像。出韦驮殿前行，进入长方形庭院，院中有放生池、明月观。明月观之北由三友亭、濯缨泉、积馨斋组成一院落。三友亭，是因院内有松、竹、梅岁寒三友而得名。濯缨泉，又称庶子泉，为唐时滁州刺史李幼卿开发，泉面约9平方米，深约3米，泉流出石罅中，清冽见底，味甘可口。

琅琊山的传说

好多年以前，东海龙宫里有一座宝山。这座山比珊瑚树有气派，比珍珠塔更精巧。东海龙王高兴的时候总要去观赏观赏，增添一下兴致；苦闷的时候也要到宝山前转悠转悠，消愁解闷。

可这座神山却感到自己无依无靠怪孤单的。一天，它趁东海龙王去南海观音那里吃酒，自己偷偷地跑出东海来到陆地，赏花看景。

它还要跟南三山拜为兄弟，与北五岳比试高低。东海龙王得知消息后，直气得一根根龙须直抖，立即从观音老母那里讨了根定山针，想把宝山钉在陆地，不许它乱跑。于是，这座山既没留在长江南，也没去成黄河北，被钉在江淮之间的滁州，成了滁州府的西山。

自从有了这座山，滁州府的风景美了十分。西山横穿南北，像一座绿色屏风。远看莽莽苍苍，近看一片黛色。山上奇树、怪石、红花、清泉，处处可见。天上的白云缠绕着山腰，空中的鸟儿也一群群一阵阵地飞来在山上做窝垒巢，不愿离去。

一天，一个云游的和尚见滁州西山这般美，就在山上盖了座寺院叫"西山寺"。还收留了一个小和尚，取名超然，跟自己学着念经。这小和尚外表像个机灵鬼，谁知笨得不开窍。随你教他怎样念经，他是喘气就忘。学了几个月的"阿弥陀佛"，他把四个字忘了两个，还有一个念歪了。他只会念"摩陀，摩陀"。老和尚只好摇摇头，叹口气。心里想：算了吧，这小超然简直是"歪脖子树——磨不直"了。老和尚一气拍拍屁股，一个人下山云游四方去了。

老和尚在外面一呆呆了半年多。这天，听说滁州蝗虫成灾，老和尚犯愁了，心想：怪我火星顶脑门子，一气丢下超然留在寺院，这一回十有八九要饿坏了。想着想着，老和尚翻山涉水地往回赶。回到寺院一看，小超然比早先长得又高又大，又白又胖，一点不像受饿的样子。

老和尚说："超然啊，为师我外出这么长日子，你是吃什么东西长得这样好的？"

超然还是那句话："摩陀，摩陀。"

"什么摩陀可以填肚充饥呀？"

小和尚指了指几块五彩石头连说道："摩陀，摩陀。"

老和尚摇摇头说："笑话，石头怎能充饥呢？徒弟你莫骗我。"

名·山·篇

小和尚见师傅不信，就转身到院外，不一会拾来一堆石头，放在锅内。小和尚一边烧火煮石，一边嘴里念着："摩陀，摩陀。"不一会儿，从热气腾腾的锅里冒出了一股股香气，闻了叫人流口水。小和尚盛了满满的一钵子，端到老和尚面前。老和尚在山下走得又累又饿，见石头煮得又黄又香，就抓起一个送到嘴里尝。想不到这东西黄得像杏子，软得像芋子，甜得赛桃子。老和尚三口两口把钵子里的都吃下肚了，又把锅里剩的一点也填进了嘴里。老和尚吃过以后，觉得满身爽快，连脸上的皱纹也消失了。

第二天，老和尚说："超然呀，你念的'摩陀经'，是真经，你成了佛啦。从今以后，我们都念'摩陀经'，这寺院也叫'摩陀寺'吧。"

从此后，摩陀寺的香火一天旺似一天，人们也就把西山改叫"摩陀山"了。光阴似箭，日月如梭。一眨眼，到了西晋末年。那时山东有位琅琊王，名字叫司马睿。他被八王夺权闹得性命难保。只好收拾打扮往南逃难。一路上，白天藏身荒庙，夜晚拣着小道一脚高一脚低地赶路。这一天，来到摩陀山下一个破草棚子里住下。没想到因为连日的奔波劳累，琅琊王心口疼病半夜里犯了，疼得他头上身上冷汗直冒，脸色跟纸一样黄，在棚子里翻身打滚直到天亮。碰巧，摩陀寺一个挑水和尚看见了，慌忙跑回山上。不一会就从山上端来了一碗香茶，让琅琊王喝下。过了一时三刻，琅琊王伸伸膀子挺挺腰，觉得心口也不疼了，身上也有劲了，一点病也没有了。

琅琊王对和尚说："多谢师傅救命之恩。我这心口疼病从小就有，犯起来没有十天半月不见轻，药草吃了不知多少，病却越来越重。不知师傅用的是什么神药有这样的奇效？""出家人，行善为本。救人一命，胜造七级浮屠。施主不必多礼。适才的香茶乃是用本山石头与各样草药煮成的，什么病都能去根。"

"怎么，山上的石头也能治病？"

和尚将寺院祖师摩陀大师煮石充饥的故事从头到尾讲了一遍，又说："现如今石头虽不能煮熟充饥了，因为当年摩陀大师把煮石之水泼在这山前山后，这山上就长满了奇花异草。所以这花花草草、树根石头都能治病呢。但不知施主尊姓大名，听口音不是本地人，怎么流落在荒郊野外？"

琅琊王哪敢说出实话呢，就胡编了一套说："我姓刘，叫刘顺。家住山东巨野县。因为要到江南投亲访友，半路上短了盘缠钱，只好一路忍饥受寒。我想在这里找些活干干，等凑足了钱再去江南。"

和尚对琅琊王说："放心，放心。施主只要不惜力气，来到滁州你就不愁吃穿了。这地方有句话：'滁州地养穷人，一条扁担两根绳'。你看这摩陀山上有柴，有草，有药材，兔子、山鸡满山转，是座宝山啊。"

琅琊王司马睿往山上一看，果然有男男女女在砍柴剜（wān）药打山枣，从绿树中传来一阵阵山歌声。从此后，琅琊王就装成个打柴汉子住在山中，一边集合四方兄弟，一边在山中集粮屯兵，日夜操练。没过多久，司马睿带领人马浩浩荡荡打过长江，在建业城建立了东晋王朝，司马睿成了第一个东晋皇帝。

有一天，东晋皇帝司马睿带领文武百官从建业来到滁州观赏西山摩陀寺风光。司马睿想起当年自己在这儿落难得救、屯兵聚粮的往事，便吩咐传下圣旨：将山上寺院扩建百间，改"摩陀寺"为"琅琊寺"，改"摩陀山"为"琅琊山"。他还命御医住在琅琊山搜集山中百草，编成《琅琊草木篇》，广传天下，救四方百姓疾苦。

名·山·篇

天柱山

　　天柱山地处安徽省安庆市潜山县境内，大别山与长江中下游平原交会处。景区分为梅城、野寨、玉镜、马祖、良药、东关、飞来、主峰8个景区。

　　天柱山，又称皖山或潜山，因其主峰天柱峰突兀如柱，直插云霄而得名，是我国五大"镇山"之"中镇"，曾被汉武帝封为"南岳"，被道家列入三十六洞天的第十四洞天。庙、观、塔、石刻等人文景观丰富，历史名人李白、王安石、苏东坡、黄庭坚等来此驻足。全山有53怪石、25洞、22泉、13井、8池、3潭、2溪；有植物119科、1000多种，珍稀动物数十种，鱼鳞木、天女花、娃娃鱼为天柱山"三宝"。

　　梅城景区，主要景点有舒王台、胭脂井、太平塔、薛家岗古文化遗址等古迹。舒王台是宋代王安石任舒州通判时的读书处，登台远眺，清清碧波，叠叠云岚，层层烟树，景色如画。

　　野寨景区，有三祖寺、祭台、觉寂塔、真源宫、吴塘、九井河等景点。三祖寺古木参天，香烟缭绕，是皖南著名寺院。寺西旁深谷悬崖耸立，松竹遮天，石壁上布满了唐、宋、元、明、清许多文人骚客的诗文题刻。谷腹的牛石洞，为北宋诗人黄庭坚读书处。寺东卓锡泉，水流潺潺，清澈甘洌。

　　东关、飞来、主峰3景区相连，天柱峰、天狮峰、飞来峰皆在这里。景区内奇峰耸立，或峭如笋尖，或肋口猛狮。奇花、异草、古松、怪石遍布，有飞龙洞、东宫洞、西宫洞等形态各异的54个连环洞穴，扑朔迷离，妙趣横生，有"天柱一绝"的美誉。

天柱峰

天柱峰，又名笋子尖，海拔1488.4米，为江淮地区最高山峰。远远望去，屹然独立，如柱倚天，不仅武帝封为南岳，道家称为司命峰，为司命真人祥地，就连游遍祖国名山大川的晚唐诗人曹松也为柱山的迷离景色所陶醉。他在赞天柱山一诗中写道"七千七百七十丈，丈丈藤萝势入天。未必展来浑翅，不妨开去也成莲。月将河汉随崖转，僧与龙蛇共眠。真是画工须搁笔，更无名画可流传"。

游天柱，看云海，最好的地方在天柱峰下的拜石台。如果碰巧，还能看到天柱佛光。此景多出现在雨后初晴，红日当空之时，但见危石上下，云浪涛涛，刹那间阳光射来，白浪化为红波，烟云层中出现一个五彩车轮，灿烂绚丽，光辉夺目，十分好看。此刻，四射的阳光照在游人的身上，将人的身影投射到彩轮之中，那时在云海的屏幕上立即出现人的影像。人动影也动，人停影也停，好似"仙人"，在赤、橙、黄、青、蓝、紫的七色包围下，仿佛在腾云驾雾。这彩色光轮，好似佛光。

奇峰飞来的传说

在天柱峰前，有一座海拔1400多米高的天柱山第二高峰，下粗上细，就像是一只锥子，倒插在地上。顶端有一圆形巨石压在锥子尖顶，这就是飞来峰。无论是近观，还是远眺，它都似是一个仙人，穿着法衣，戴着帽子，端庄肃立，作法镇妖，所以飞来峰又名仙人戴帽。

天柱山原是茫茫大海，各种妖怪为争夺领域，各自故弄玄虚，显示自己的一技之长，搅得波涛汹涌，狂风大作，巨浪翻天。即使是风平浪静的天气，也常出现巨龙腾空似的水柱此起彼伏，害得生活在海上的渔民和周边百姓叫苦连天。忽然有一天，太上老君乘仙

名·山·篇

鹤云游，在空中看到海里一些虾兵蟹将，兴风作浪，残害人民，怒不可遏，即回天庭，奏请玉帝，调来天兵天将，降妖灭怪，经过激烈的交战，把妖怪一网打尽，压在巨石底下，然后太上老君找到龙王从东海运来一块镇妖石，稳稳当当地放在巨石上，使妖怪永远不能再出来为非作歹。

九华山

有"东南第一山"之誉的九华山位于安徽省池州市青阳县内，山中有99峰，群峰竞秀，以天台、莲花等9峰最为著名，因山峰整体状若莲花，取"花"与"华"谐音，故称九华山。

九华山峰峦叠翠，林深水秀，满山翠竹苍松，郁郁葱葱，自然风光幽静秀美。唐时李白曾游此山，见山清水秀，风光绮丽，遂赋诗云："昔在九江上，遥望九华峰。天河挂绿水，秀出九芙蓉"和"妙有分二气，灵山开九华"。九华山著名景观有"天台晓日"、"五溪山色"、"桃岩瀑布"、"舒潭印月"、"九子泉声"、"莲峰云海"、"平岗积雪"、"东崖晏坐"、"天柱仙迹"、"化城晚钟"等十景。

九华山为地藏菩萨的道场，自古为佛教信徒向往的理想境地，有"九华一千寺，撒在云雾中"的描绘。东晋时代，就有天竺僧怀渡禅师来此山传经，创建茅庵。唐代以后，佛教寺庙陆续而建，全盛时有"九华千寺"之说，素称"莲花佛国"。九华山至明、清两代成为佛教发展最鼎盛时期，成为我国四大佛教名山之一。现存寺院84座，佛像6400余尊，著名寺院有甘露寺、祇园寺、东崖寺、百岁宫四大丛林及化城寺、肉身殿、通慧庵、拜经堂、天台寺、慧居寺等。各寺中收藏珍贵文物 2000 余件，其保存之好，数量之多，居四大佛教名山之首。

🌸 九华街

游九华山，首先要到九华街，这里海拔 600 多米，是九华山的中心，主要寺庙也集中在这里，因此有"莲花佛国"之称。这里实际上是一个山镇，除了庙宇外，还有学校、旅店、商店、农舍。九华街上的化城寺，是九华山历史最悠久的晋代古寺，也是九华山的主寺，寺的建筑依山势布局，反映了高超的建筑设计艺术。从九华街往东走不远，有一座建在悬崖上的殿堂，就是著名的"百岁宫"，其匾额上书有"钦赐百岁宫，护国万年寺"十个金字。据说，在明朝万历年间，有个叫无瑕的和尚，26 岁来到九华山，在一个人迹罕至的山洞里苦修了 100 年。死后 3 年，人们才在洞中发现他的肉身。山上和尚认为他是活佛转世，遂将尸体装金供奉。明崇祯皇帝知道后封他为"应身菩萨"。于是供奉他的小庙香火日旺，寺庙扩展，成为九华山四大丛林之一。

🌸 天 台

九华胜景在天台。天台峰是九华山的主峰，海拔 1300 多米。有"不登天台，等于没来"的说法。从九华街上天台，约 15 里山路，沿路经过很多风景点。当你气喘吁吁，到达天台正顶，眼前的景色，将使你胸襟开阔，疲劳顿消。四周群山匍伏，远望九华街，只有巴掌那么大了。极目远眺，天地浑然一体，长江如练，隐隐可见。清冽的山风送来阵阵松涛、使人陶醉。周围的岩石，奇形怪状，多呈黝黑色。有一巨石上刻"非人间"三字。此时此刻，真使人有身临蓬莱仙境之感。在天台上看日出，据说其瑰丽景色不亚于在泰山日观峰看日出。因此"天台晓日"被列为"九华十景"之一。

游·遍·名·山·大·川

YOU BIAN MING SHAN DA CHUAN

九华山的传说

很久很久以前，真武大帝去武当山修炼，路过古上庸国（今湖北竹山）南部腹地一片大深山时，眼观山峦奇特险峻，山清水秀，不仅大发感慨："无奈上天安排已定，否则，我就在这里修炼。既然我不能在这里修炼，也不要亏了这个好地方！"于是，就请观音菩萨出面说合，让九天玄女补补人间修炼这一课。观音菩萨很乐意出面办这件大好事情，就在天宫做了具体部署。至于怎样部署，天机不可泄露。

一转眼，人间过去了好多年头。且说堵河上游岸畔的峪口小街上，有一位姓华的猎人到了娶亲的年龄。成婚的那天晚上，搂着漂亮的新媳妇做了一个梦，梦见九个仙女从南天门上飘飘荡荡，边歌边舞，在他家石瓦房院子里按落了云头，化成九朵鲜花开在他媳妇的身上。说来也怪，从此，华猎人的媳妇就一年生一个女儿，两年生一双姑娘，一连生出了九个姑娘来。

华家那九个姑娘，吃着南山里的包谷洋芋饭，喝着堵河里甜甜沁沁的水，滋养得一个比一个漂亮，一个比一个水灵，个个都像鲜花一样美丽好看。一时间，山里山外的人有事情没事情，人前人后都在夸奖、羡慕华家的九个姑娘，说她们是九朵花。

唯独驴头山上的聋耳大王明德成起了歹心，要把华家九朵花都弄去当压寨夫人。那一天，华猎人夫妇见明德成一帮子人马恶狼一样地闯来，就一个放箭，一个放枪，拼命抵挡着，让如花似玉的九个女儿从后门逃走，叫她们朝后山上奔跑。华猎人夫妇终于因寡不敌众，被明德成的人马乱刀剁死。他们的院子也被那些强盗一把火给烧成了灰烬。

山大王明德成的目的是想一人独霸华家九个姑娘。调过头来，催逼众喽罗朝后山追赶。可怜九个姑娘哪里受过这样的惊吓？跟头掀天跑不及，还直跌跤。眼看着恶人就要拢身，姐妹九人手拉手，不忍心各自分手逃命。眼见得恶人就要把九姐妹全部捉住，可一眨眼呢，却不见了九姐妹，只见山坡上九朵花在跳跃着向前。这个蹊跷，九姐妹自己也不知道，还以为是山大王和众喽罗看花了眼。就又手挽手朝前跑。眼看恶人又追拢了，又不见了九个姑娘。又只见九朵花在闪跳腾挪。山大王这会儿明白了蹊跷和讲究，就横下心来，骂骂唧唧地说："不管你是九朵花还是九个姑娘，今天我都非要弄到手不可！"

正在这万分紧急的危难时刻，山坡上忽然涌出成群结队的飞禽走兽，对山大王明德成和众喽罗抓的抓，嚓的嚓，啃的啃，咬的咬，不一会儿就把一帮子恶人给整死了。

恶人死光了，九姐妹认为这山上的野兽比天下的恶人都善良，决定以森林为家，与飞禽、走兽为伴。她们就搬石头垒寨安住下来，还先后招了九个女婿上山成亲，男耕女织，繁衍后代儿孙，带来了山上的生机和兴旺。后人为了记住那一段传奇故事，也是为了纪念华家九姐妹，就把那山叫成九花山。再后来，华家后人一直坚持要突出"华"姓，就又叫成了九华山。

黄　山

黄山位于安徽省南部黄山市，为三山五岳中三山的之一，有"天下第一奇山"之美称。黄山为道教圣地，遗址遗迹众多，传说轩辕黄帝曾在此炼丹。

黄山集名山之长：泰山之雄伟、华山之险峻、衡山之烟云、庐

名·山·篇

山之飞瀑、雁荡山之巧石、峨眉山之清凉。明代旅行家、地理学家徐霞客两游黄山赞叹说："登黄山天下无山，观止矣"！又留"五岳归来不看山，黄山归来不看岳"的美誉。

黄山经历了漫长的造山运动和地壳抬升，以及冰川和自然风化作用才形成其特有的峰林结构。黄山群峰林立，72峰素有"三十六大峰，三十六小峰"之称，主峰莲花峰海拔高达1864米，与平旷的光明顶、险峻的最高峰天都峰一起雄踞在景区中心，周围还有77座千米以上的山峰，群峰叠翠，有机地组合成一幅有节奏旋律的、波澜壮阔、气势磅礴、令人叹为观止的立体画面。

黄山自古闻名，许多文人前来游历并留下名诗吟诵。另外还有寺庙亭台，为黄山增色。自古为道教名山，方圆250千米，山中以道教命名的名胜有朱砂峰、炼丹峰、天都峰、轩辕峰、仙人峰、丹井、试剑石、蒲团松、仙人晒靴石、仙女绣花石、望仙台、炼丹台、炼丹源、神仙洞等。山南部朱砂峰下的慈光阁和山北部叠嶂峰下的松谷庵均为道教庙宇。

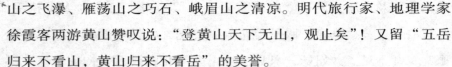

黄山五绝——奇松、怪石、云海、温泉、冬雪

黄山延绵数百里，千峰万壑，比比皆松。黄山松是由黄山独特地貌、气候而形成的中国松树的一种变体。黄山松一般生长在海拔800米以上的地方，通常是黄山北坡在1500～1700米处，南坡在1000～1600米处。黄山松的种子能够被风送到花岗岩的裂缝中去，以无坚不摧、有缝即入的钻劲在那里生根、发芽、成长。最著名的黄山松有迎客松、送客松、蒲团松、黑虎松、探海松和卧龙松等。黄山松姿态坚韧傲然，美丽奇特，但生长的环境十分艰苦，因而生长速度异常缓慢，一棵高不盈丈的黄山松，往往树龄上百年，甚至数百年。因此，黄山松的根部常常比树干长几倍、几十倍，由于根部很深，黄山松能坚强地立于岩石之上，虽历风霜雨霜却依然永葆

青春。

黄山千岩万壑，几乎每座山峰上都有许多灵幻奇巧的怪石，黄山怪石以奇取胜，以多著称。迄今为止，已被命名的怪石有120多处，其形态可谓千奇百怪，令人叫绝：似人似物，似鸟似兽，情态各异，形象逼真。黄山怪石在不同的天气，从不同的位置观看情趣迥异，可谓"横看成岭侧成峰，远近高低各不同"。怪石的分布可谓遍及峰壑巅坡，或兀立峰顶或戏逗坡缘，或与松结伴，构成一幅幅天然山石画卷。

大凡高山都可以见到云海，但是黄山的云海更有特色。自古黄山云成海，黄山是云雾之乡，以峰为体，以云为衣，其瑰丽壮观的"云海"以美、胜、奇、幻享誉古今，一年四季皆可观，尤以冬季景最佳。依云海分布方位，全山有东海、南海、西海、北海和天海；而登莲花峰、天都峰、光明顶则可尽收诸海于眼底，领略"海到尽头天是岸，山登绝顶我为峰"的境地。

黄山"五绝"之一的温泉，古称汤泉，源出海拔850米的紫云峰下，水质以含重碳酸为主，可饮可浴。传说轩辕黄帝就是在此沐浴七七四十九日得以返老还童，羽化飞升的，故又被誉之为"灵泉"。

黄山的冬雪可称得上是大自然的上乘之作，是精品中的"极品"，是当之无愧的黄山"第五绝"。黄山冬雪不同于北国的冬雪，它不是那种厚重严实，并且持久不化的雪，黄山的冬雪，妙就妙在与黄山的松、石、云、泉巧妙而完美的结合。飞雪、冰挂、雾淞堪称黄山奇景。

🌸 黄山传说

黄山从前叫黟（yī）山，这是由于山石黑黝黝的光泽而得名。黟山为什么后来改称黄山呢？这与黄山流传着许多有关黄帝的故事

不无关系。

　　黄帝是中华民族的始祖，相传他在位一百多年，深受百姓的爱戴。后来，由于年事渐高，精力日衰，黄帝就将帝位禅让少昊。黄帝是一个对生活充满希望的人，他不愿意坐着等死，便决心去追求一种长生不老的境界，于是拜仙翁容成子、浮丘公为师，跟随他俩学道炼丹，求长生不老之术。浮丘公对他说："修道炼丹，一定要选择灵山秀水，丹药才能炼成。"于是黄帝就跟随浮丘公、容成子外出寻找炼丹胜地。他们跋山涉水，遍历五岳三山，最后来到江南黟山。只见这里的山峰很多很高，高出云头；这里的山谷很陡很深，深到海底。白云像绸子一样，整天绕着山峰飘来荡去，真是人间仙境。黄帝认为这里是炼丹修仙最理想的地方。从此以后，他就和浮丘公、容成子同住此山炼丹。

　　他们每天伐木烧炭，采药煮石，不管刮风下雨，从不间断。据说那丹药必须反复炼九次，才能炼成，这叫"九转还丹"。他们炼了一次又一次，越炼难度越大，但黄帝的决心也越大。经过四百八十年，那闪闪发亮的金丹终于炼成了。黄帝服了一粒，顿觉身轻如燕，竟能升空游戏。黄帝的须发也由白变黑，但因衰老而造成的皮肤皱折却依然如故。就在这时，紫云峰崖隙间，突然流出一道红泉，热气熏蒸，香气扑鼻。于是浮丘公恭请黄帝到这红泉中沐浴。黄帝在红泉中连浸了七天七夜，全身的老皱皮肤都随水漂去，他完全像换了一个人似的，看上去满面红光。

　　就在黄帝脱胎换骨、返老还童的时候，红泉的上空突然祥云缥缈，笙歌悠扬。顷刻之间，雾散云开，霞光耀眼，异香袭人，忽然有珠函一件、玉壶一把从空中徐徐降下。黄帝接在手中，打开一看，函中有霞衣、宝冠、珠履，壶中盛满了琼浆玉露。浮丘公在一旁恭敬地说："这是上天赐给黄帝的宝物，请接纳。"黄帝将天赐宝物携

五岳独尊

游·遍·名·山·大·川

YOU BIAN MING SHAN DA CHUAN

回北海望仙峰石室，接受群臣的祝贺，批霞衣，戴宝冠，穿珠履，饮下甘露琼浆。当他走出石室时，身上霞光万道，照遍了黟山的高峰深谷。这时，空中又降下白龙、彩幡、珠盖，黄帝与浮丘公、容成子一起乘上白龙，彩幡引路，珠盖护顶，从望仙峰顶，飘飘上升而去。山下臣民齐声欢呼，响彻云霄。黄山也因此而得名。

齐云山

齐云山位于安徽省休宁县城西 15 千米处，古称"白岳"，是一处以道教文化和丹霞地貌为特色的国家重点风景名胜区，历史上有"黄山白岳甲江南"之称。它与黄山、九华山并称为中国皖南三大名山。齐云山景区面积 110 平方千米，自然保护区 150 平方千米。是一处集丹霞地貌、道教文化、摩崖石刻、山水风光于一体的综合性风景区，分为月华街、楼上楼、云岩湖、横江、南山 5 大区。

齐云山，因"一石插天，直入云端与碧云齐"，故名。齐云山峰峦叠嶂，形态奇特，崖陡壁峭。岩石丹若朱砂，灿若红霞，在流泉、飞瀑、云海、湖光等美景的映衬下，显得分外多彩壮丽。白岳、齐云、青狮、白象、岐山、太山、南山、苑山、万寿山等 32 峰高峻挺拔，构成齐云山的山体；多彩多姿的奇峰、怪石、幽洞以及碧翠如玉的湖潭泉瀑，构成了齐云山的"洞天福地"。其中精巧玲珑的香炉峰、巧夺天工的石桥岩、神秘诱人的八仙洞、恬静秀逸的云岩湖、抛金洒玉的珍珠帘，瑰丽多姿，令人心旷神怡。

齐云山历史悠久，为我国道教四大名山之一，享有"江南小武当"的美誉。齐云山的道教香火盛于明代，供奉北方真武大帝，香

名·山·篇

烟缭绕，香客如织，成为一方道教圣地。历代文人雅士李白、朱熹、唐伯虎、徐霞客、郁达夫都曾登临齐云山，留下数以千计的摩崖石刻、碑刻、诗词和歌赋。乾隆皇帝曾游幸此山并盛赞其为"天下无双胜境，江南第一名山"。

洞天福地

游客下索道后就进入景区大门——望仙亭，出亭后走过桃花洞即到洞天福地，此景颇为壮观，有栖真岩、忠烈岩、寿字崖三处摩崖石刻。据传，栖真岩是齐云山最早道士、唐朝的栖霞真人修行的地方；忠烈岩是祭祀关公的地方；而寿字岩的寿字是清代慈禧太后的手笔，这个巨大的"寿"字，直径达到230厘米。走过寿字崖，便见一个宽敞的石洞，游人可以通过，纯属天工所造，为"崖下窟窿"，称之为一天门，门摩崖石刻和碑铭，数目很多，琳琅满目，为"白岳碑林"。

真仙洞府

崖壁下有许多洞穴，供奉各路神仙塑像，依次是八仙洞、圆通洞、罗汉洞、雨君洞、文昌洞。以前修行的道士就居在洞中。它是齐云山风景精粹之一。八仙洞供奉的是道教的八仙；而圆通洞供奉的却是佛教中的南海观音；罗汉洞供奉着真武帝君，两旁却又供奉着十八罗汉。应当说这都是道士们富有想象力的创作；雨君洞供奉龙王；文昌洞供奉文曲星，文曲星主宰功名，竟被道教"收编"上了道教神坛。从齐云山真仙洞府中可以感受到浓厚的儒、道、佛合璧的气息，颇有特色。真仙洞府崖壁上有很多摩崖石刻，其中最为醒目的是崖壁上的"天开神秀"四个大字，气势不凡，为真仙洞府的显著标志。

竹子的传说

相传，古时候凡间别无他竹，唯有齐云山脚下长有一种小小的竹子，叫"箭竹"。古人取箭竹二尺五，按上三角铁头和羽毛，配上铁弓，就成了远距离抗敌的一种武器，这叫着"箭"。小竹因而得其名。因其叶大，山下的人常用来包粽子，所以又名"粽叶竹"。

齐云山，离天一尺三。有一位仙人在山中悉心修炼，人们称他为"乐水先生"。由于离天较近，他闲时也上天云游。看到天上有座万竹园，里面长着粗大圆润的楠竹……乐水先生就想，凡间如能获得楠竹一二传种，那该多好哇！竹笋做菜，笋壳做衣，竹身亦可造房子和做多种器皿。这样，凡人的生活也会因此更加丰富多彩。乐水先生又一想，好是好，就是难到手，直接向竹仙索取吧，肯定不行。偷偷地去挖吧，又不是大丈夫所为。怎么办呢？

有一天，乐水先生上天悠闲地从万竹园走去，见竹仙在门口，于是上前与他搭讪，瞟了园中竹林一眼："哎呀，怎么天上的竹叶那么小呀？"竹仙应道："天上的竹叶都是这个样子的，难道哪里还有比天上的竹叶更大的吗？""有呀，我居住的山上就有一些，但不是很多。"乐水先生边答边脱下背上的一个袋子，取出事先准备好的几片鲜绿的箭竹叶子来。竹仙一下子傻了眼，怎么凡间有巴掌那么大的竹叶呢？我当竹仙的也从来没听说过呀。看到这么大片的竹叶，竹仙心想，按这叶子推理，竹子应该会有洗澡盆那么大！那是真正的大竹王啊！

乐水先生看到他疑惑而羡慕的样子，便说："万竹园要是缺少这种大叶竹，我下次上天送一些来给你们。也好用来填补天宫中竹子系列的一项空白。"乐水先生故意把箭竹说成了"大叶竹"。竹仙见乐水先生这么大方，说得也在道理，自己便很爽快地答道："好的，我们万竹园中的竹子，你如果需要的话，也可送你几株。怎么样？"

乐水先生把竹仙送给他的几株楠竹种带回了齐云山。第二天，乐水先生将特意挖取了一些健壮的箭竹种，亲自送到了万竹园。竹

名·山·篇

仙一看，这竹子再大株也不过小指头那么大，无非是叶子大些而已。心里确实难以接受。这次不是小竹换来大竹，而是大竹换来了小竹，玉帝知道了，不骂他才怪呢。

箭竹种栽在万竹园中，繁殖飞快，转眼间绿阴盖地。一天，玉帝兴致勃勃来到园中赏竹，观到一大片绿叶婆娑的阔叶箭竹，心中感到愉悦无比。玉帝不但没有惩罚竹仙，反而高度地赞扬他为万竹园大胆地引进了新竹种，并赏赐了一条金腰带给他。还说，朕在前几天和王母娘娘吃了用"大竹叶"包的粽子，又香又好吃。可以把它写进天庭的美食秘籍了。

而被乐水先生带回来的楠竹种在齐云山之后，没过多久山中便翠竹成阴，绿涛澎湃了。如今，齐云山下竹海汹涌，篁涛阵阵，成了一道亮丽的风景。

青云山

青云山位于距福建省永泰县城十多千米的岭路乡，因山峰平地拔起，矗立青云而得名。景区面积 47 平方千米，海拔在 1000 米以上的山峰有 7 座，最高海拔 1130 米。山高林茂，云雾缥缈，岩奇洞怪泉碧。动植物资源丰富，有珍稀动植物——桫椤和羚羊、猕猴等。主要旅游景点有云天石廊、火烟瀑布、十八重溪石林、藤山草场、天池和状元洞、红军洞等。

云天石廊在青云峰近山顶处，又称"登天廊"，因软硬岩层受风化的差异，形成一层层长条形通道。石廊共 4 层，累计长度约 300 多米，人行其中，惊而不险。

藤山周围几个山头，坡度平坦，植被以高山草甸为主，号称"万亩草场"，是理想的避暑游览胜地。藤山顶部有一口古火山爆发形成的天池，呈弯椭圆形，周长约400米，面积12亩左右，丰水时平均水深1.5米。池内碧波荡漾，池旁绿草如茵，周围还有不少火山喷出物如火山弹等。在乌后村附近的乌后天池面积约6亩，也是古火山口积水成池。

火烟瀑布即青龙瀑布，落差80多米，水流跌落的悬崖岩壁经淘蚀呈半圆凹槽，上小下大，如倒漏斗形。瀑布分三选，上部水流顺峭壁滑落；中间部分越过悬崖飞泻而下，形成水帘，水珠四散，水雾弥漫；下部有一岩坎，瀑流打在上面，再沿崖壁分流滑落，最后汇入底部的青龙潭。此外，还有凤尾瀑布、珠帘瀑布、石龙瀑布和新月瀑布等，其中的石龙瀑布，水流从半山坡近乎直立的崖壁上跌落，总落差达150米左右。除青龙潭外，景区内还有龙潭、鲤鱼潭、长生潭和济生潭等。

红军洞是一个经过人工改造的天然岩洞，是当年闽中游击队活动场所之一。洞呈半圆形，高约25米，宽24.5米，洞口有碎石砌成的围墙。洞深约30米，洞内由碎石砌成4层平台。

🌿 将军石的传说

青云山上有一块远看像"状元印"的岩石，侧看则成了一位头戴钢盔、身披铠甲的将军。这块岩石被称之为"石将军"。相传，这石将军原是明朝正德皇帝的贴身侍卫。正德皇帝浏览青云山期间，因为有了他的保护才安然无恙。可如今，他却静静地站在这里，任凭日洒雨淋、风吹雨打。

当年正德皇帝到青云山浏览观光，借宿三楼的农家。随从保驾的贴身侍卫与这位农家女一见钟情。双方海誓山盟，非对方不娶不嫁。可是皇上的行踪不定，说走就走。在四楼住了最后一晚，第二

天清晨就要回朝，贴身侍卫和农家女依依不舍，含泪告别。双方约定三个月后成婚。

自从侍卫走后，农家女望穿秋水地等啊等，待卫一到京城也就着手准备婚事。可是皇上又要外出巡视，而且点名要他保驾护航。忠心耿耿的待卫只好将自己的婚事先搁下。没想到一搁就是半年多。

半年多来，农家女盼啊盼，盼望京城迎亲花轿的到来。可是每次都不能如愿。她祈求上天，将她点化成石，无论刮风下雨，她都要在此等候心上人。上天见她如此痴情，就随她所愿，点化成石。如今这石，就是屹立在三楼的玉女峰。

半年后待卫保驾回朝。因保驾有功，正德皇帝封他为将军，将军受完封，立刻带领迎亲队伍，日夜兼程，前来迎亲。然而到了朝思暮想的心上人家里，得到的却是噩耗。将军来到已化成岩石的心上人面前，悲痛欲绝，长叹道："生不能同床共枕，死也要相依相伴。"说完，一头撞在岩石上，当场毙命！不一会儿，便化作另外一块岩石，于心上人遥遥相对长相守。这块岩石，就成了现在青云山的"将军石"。

武夷山

武夷山位于福建省武夷山市西南，景区面积 60 平方千米。四周青山环绕，九曲溪流清澄如玉，构成一幅碧水丹山的天然画卷，富有"山涌千层青翡翠，溪摇万顷碧琉璃"的风韵。武夷山山水相融，瑰丽多姿，兼有黄山之奇、桂林之秀、西湖之美、泰山之雄。景区内主要景点有 36 峰、72 涧、99 岩和 108 个景点。

武夷的美感在于山。由于远古时期地壳运动，加之重力崩塌、雨水侵蚀、风化剥落的综合作用，使山体发生了奇特变化：峰岩上升，沟谷下陷；山色因地热氧化而显红褐，山形因挤压而倾东。它是全国200多处丹霞地貌中发育最为典型者。地壳运动使这里的奇峰怪石千姿百态，有的直插云霄，有的横亘数里，有的如屏垂挂，有的傲立雄踞，有的亭亭玉立……就武夷山的景观而言，则是神似居多，似乎更加耐人品味。武夷山分为九曲溪、天游—云窝、桃源洞、水帘洞、一线天—虎啸岩、天心岩、武夷宫7大景区，其中九曲溪风景区为武夷山的精华所在。

武夷的灵性在于水。武夷山麓中有众多的清泉、飞瀑、山涧、溪流。流水潺潺，如诉如歌，给武夷山注入了生机，增添了动感，孕育了灵气。其中，最具诱惑的莫过于九曲溪。九曲溪发源于武夷山自然保护区黄岗山南麓，全长60千米，流经景区9.5千米，山环水转，水绕山行，自有风情。游人可自星村码头凭借一弓形古朴的竹筏，随波逐流，饱赏山水大观，抬头可览奇峰，俯首能赏水色。"曲曲山回转，峰峰水抱流"，是九曲溪传神的写照。九曲溪发源于青山翠岭之间，溪全长60千米，绕山九折而得名。乘竹筏沿九曲溪顺流而下，两岸奇峰林立，怪石嵯峨，山溪纵横。大王峰海拔530米，峰顶平宽，苍翠如黛，景色壮美，自古有"不登大王峰，有负武夷游"之说。五曲平林渡一带水流平缓，两岸丹霞林立，古树藤萝遍布，是九曲风景绝佳之处。另外，还有玉女峰、幔亭峰、浴香潭、卧龙潭、小九曲、苍屏峰、小桃源、芙蓉滩、品石岩、观音石等佳景。

"东周出孔丘，南宋有朱熹，中国古文化，泰山与武夷"。武夷山不仅是一座景色绝佳的山水公园，而且还是一座历史文化名山。历史上文人墨客、名僧高士多来此游历、讲经、布道，道家以此为

名·山·篇

第十六洞天。南宋理学家朱熹曾驻足武夷山40余载，立说讲学，使武夷山成为东南文化中心。虹桥板、万年宫、永乐禅寺、龙窠茶馆等古迹和优美的传说更丰富了武夷文化。

接笋峰的传说

五曲云窝有一座陡峭无比的奇峰，叫接笋峰。它倚于隐屏峰的西边，崖壁上贴着一片尖锐的危石，就像是一枝破土而出的春笋，从壁根钻了出来。而在它的半腰，却又横列三痕，仿佛是折断了又连接在一起，令人望而生畏，唯恐大风一刮，便将倾倒下来。此峰为何这般奇特呢？这里有一段传说。

原先，这山峰不叫接笋峰而叫小隐屏。小隐屏下有一座石堂寺，寺里住着一百个和尚。九十九个大和尚又懒又坏，不守规矩，只有一个小和尚手勤脚快，为人厚道。这些大和尚总是欺负小和尚，寺的里里外外，重活脏活全都叫他干。

小和尚起五更，睡半夜，整日里担水、劈柴、煮饭，一刻也没有闲过。日复一日，年复一年，大和尚们渐渐地忘了小和尚姓甚名啥，都管他叫小饭头了。

石堂寺山高路陡，原来香火就不算很旺，现在加上大和尚们为非作歹，来石堂寺求神拜佛的香客越来越少。香客少了，供点就少了，没了供点，哪来的财路？大和尚们常常为此愁眉不展。

一天，几个大和尚凑到了一起，在一间厢房里嘀咕了整整一上午，终于想出了一个歪点子。他们把寺门重新镶金镀彩，在寺里塑上"观音送子"的镀金大菩萨，挂上"观音殿"的大金匾；又在寺后院修了一座"圆梦坛"，隔了九十九间小客房，还在客房的下面挖了一条通道。这条暗道，可以通到每个客房里。这些事办好后，大和尚们又分头下山，四处游说，逢人就讲，观音娘娘大发慈悲，要给凡人送子啦！久婚不育的妇女，上了花轿的新娘，只要上石堂寺观音殿进香，在"圆梦坛"里歇个夜，娘娘就会托梦显灵，早赐贵子。

这消息一阵风似的传开了，方圆百里盼子心切的妇女，不怕山高路远，跋山涉水，来到石堂寺烧香拜观音，圆梦求子。一时间，小隐屏上人来轿往，川流不息。把一条弯弯曲曲，荆棘丛生的羊肠小路踩成了大道，连那描龙画凤的楠木门槛也踏矮了几分。

这样一来，寺里可热闹了：新媳妇进，大嫂子出；大嫂子进，新媳妇出。大殿上香火点点，红烛高照，供品堆得像座小山，灯油钱装满了柜子。

大和尚们好不得意呀！他们吃饱喝足，更是起了邪念。白天，他们躲在暗处，一双贼溜溜的眼睛不停地转着，不是偷看年轻的嫂子，就是盯着漂亮的新娘。夜半三更，他们便从圆梦坛地下的通道爬进小客房，糟蹋了许多在那里歇夜圆梦的良家妇女。

俗话说得好："好事不出门，坏事传千里"。渐渐地，知道大和尚们干坏事的人越来越多，石堂寺的香火又稀了下来。后来这事还传到了文殊菩萨、普贤菩萨的耳里。"天下竟有这等野和尚，胆敢冒观音娘娘圣名欺凌百姓！"文殊、普贤拍案而起，"我们一定要下去探个虚实，若果真如此，非严惩不可！"

这天黄昏，小饭头做好晚饭，就上观音殿来掸扫关门。这时有两个长得如花似玉的姑娘走进来，对他说："小师傅，我们姐妹两人远道来进香，想在此借宿一夜，请小师傅行个方便。"小饭头一看这两位姑娘长得如此娇柔妩媚，一口就回绝了。两个姑娘见小饭头不答应，就围拢来苦苦哀求。小饭头往四下里扫了一眼，见没有大和尚，便轻轻地说："劝两位大姐姐早早离开此地，不是小僧不肯收留，是大师傅们不好呀！"说完，嘴巴一咬，用手指指后面。两位姑娘听了，竟呜呜地哭了起来。小饭头见两位姑娘如此伤心，鼻子一

酸，泪水也在眼眶里打转转。他赶紧走出寺门一看，唉！夜幕已经降临了，山下灰蒙蒙的一片，不时还传来一阵阵狼嚎声。小饭头只好走回殿内对两位姑娘说："两位大姐姐不要伤心，容小僧进去禀告一声，请姐姐们夜里千万要多加小心。"

今日忽闻有两个姑娘要来借宿，大和尚们顿时来了精神，一个个眉开眼笑，争先恐后地迎出去。他们忙不迭地端茶送水，争献殷勤，簇拥着把两姐妹送到圆梦坛去歇息了。

夜深了，两个姑娘静静地躺在床上。一更天，二更天，三更天，平安无事。到了四更天，两姐妹渐渐地有了倦意，想要入睡了。忽然"咣当"一声，客房的地板被掀开了，露出了一个黑咕隆咚的洞口，继而一个个光头从洞口伸了出来，大和尚撒野来了。两个姑娘飞身坐起，夺门而出。她们跑到第二间客房，在里面大声说话，大和尚们听到说话声，就"咚咚咚"地追到第二间客房。眼看就要抓住了，两个姑娘一转身又跑到了第三间客房。她们一边跑一边说："这群野和尚，怎么一直跟来……"

大和尚们一直追到第三间客房。可就是只闻其声，不见姑娘。见到姑娘，又捉不住她们。就这样跑呀追呀，九十九个大和尚疯狂地追呀追呀，一直追到第九十九间客房，两个姑娘忽地不见了。大和尚们一看已是五更天了，一个个像泄了气的皮球，懊丧着脸，有气无力地回到各自的房间去了。

再说两个姑娘出了圆梦坛，就去找小饭头。正遇上小饭头在溪边挑水，她们忙上前施礼说："小师傅，你是个善良的人，我们会报答你的。"小饭头连忙还礼，刚想向她们问安时，两位姑娘已消失在浓浓的晨雾里了。小饭头觉得有些奇怪。

第二天五更时分，勤劳的小饭头又起来挑水。他刚跨出寺门，就见头上有一团光亮，一朵祥云在光圈里飘来荡去，怎么也不肯离去。他正觉得奇怪，忽又见一只黑狗冲了过来，一口咬去他的水瓢。没了水瓢，挑不了水，没了水，做不了饭，那不被大和尚们打扁了才怪呢！小饭头不敢懈怠，拔腿就追那黑狗，要抢回水瓢。说来也怪，那朵祥云就像引路似的，一直向前飘去。小饭头追呀，追呀，追着黑狗，跟着祥云，过了云窝，穿过茶洞，上了天游峰。就在这时，天空忽然变得墨黑墨黑，猛然间，天空中嚯啦啦地闪过两道刺眼的白光，只见前晚在寺里借宿的两位姑娘拔出三把金光闪闪的利剑，往小隐屏上猛砍。霎时，三朵火花迸射，"轰隆隆"发出三声震天巨响，从小隐屏上滚下三块巨石，把个石堂寺砸得稀烂。九十九个野和尚，因为头天夜里追赶两个姑娘，个个疲倦万分，睡得跟死猪一般，这下也全被压成了一团肉泥。

一会儿，天又亮了起来，小饭头回头一看，石堂寺已是一片飞砾碎石了。传说，那两个姑娘就是文殊菩萨、普贤菩萨变的，那黑狗也是她们变来引小饭头逃离石堂寺的。

后来，文殊、普贤为警诫后人，又把那砍下来的三块巨石重新接上去，因为接成的山峰很像直插云天的石笋，峰上还留着三道接过的痕迹，所以人们就把这座山峰称做"接笋峰"。

庐　山

庐山位于江西省九江市南，东濒鄱阳湖，北临长江。庐山蜿蜒绵亘 25 千米，宽约 10 千米，有 99 峰，主峰汉阳峰海拔 1474 米。自古以奇峰、泉瀑、云雾、古迹著称，有"匡庐奇秀甲天下"之誉。

庐山是一座东北—西南走向的地垒式断块山，外险内秀。具有河流、湖泊、坡地、山峰等多种地貌，远看一山矗立，近看千峰错落。由于临江靠湖，江湖中升腾的水汽遇到山上的低温形成雾海，给庐山蒙上了一层神秘的面纱。唐代诗人李白诗云："日照香炉生紫烟，遥看瀑布挂前川。飞流直下三千尺，疑是银河落九天"。三叠泉瀑布，水分三级挂于铁壁峰前，落差达155米，上叠形如飘雪拖练，中叠势如碎玉摧水，下叠状如玉龙跃潭，被称为"庐山第一奇观"。山上有小天池、望江亭、天桥、花径、大天池、龙首崖、仙人洞、含鄱口等著名景点。小天池是一潭神奇的药池，久旱不枯，久雨不淹。天池亭位于山巅，是眺大江、观云海、看日出、赏晚霞的好地方。含鄱口形似一个天然豁口，与碧波万顷的鄱阳湖遥遥相对，大有气吞鄱阳湖之势，故名"含鄱口"。

庐山生物资源丰富，森林覆盖率达76.6%。高等植物近3000种，昆虫2000余种，鸟类170余种，兽类37种。山麓鄱阳湖候鸟保护区，是"鹤的王国"，有世界最大的白鹤群，被誉为中国的"第二座万里长城"。庐山不仅有秀美的自然景观，也有悠久丰富的历史内涵，是我国佛教圣山之一。2000多年来文人墨客纷至沓来，留下4000多首诗词歌赋、400多处摩崖题刻及晋代东林寺、宋代观音桥和白鹿洞书院等名胜古迹。

🦋 美 庐

庐山牯岭东谷，有一条蜿蜒而来又蜿蜒而去的长冲河。在长冲河畔，有一座掩隐在一片绿阴深处的英国券廊式的别墅——美庐。它是庐山所特有的一处人文景观，它展示了风云变幻的中国现代史的一个侧面。

美庐曾是一处"禁苑"，它日夜被包裹在漂浮的烟云中，令人神往，又令人困惑。如今，美庐敞开它的真面目，以它独有的风姿和魅力，吸引着海内外的游人。

绿阴笼罩下的美庐别墅，为石木结构，主楼为两层，附楼为一层，占地面积为455平方米，建筑面积为996平方米。而整个美庐庭园占地面积为4928平方米，建筑占地面积，仅占其中不足10%，因而显得庭园特别敞净，而建筑主体却又显得适宜，既不感到笨拙，又不感到纤弱，产生出一种和谐美。

登十字形长石阶，步通透式凉台，进入室内是一装饰典雅、中西合璧的会客厅。猫眼绿的地毯、墨绿的沙发、墙壁上挂着的宋美龄不同时期的半身照片以及蒋介石夫妇在"美庐"生活的部分照片整齐地排列在会客厅内。紧邻的是当年"第一夫人"的卧室，室内陈设基本保持原貌，居中有双人厅床，据说是用英国优质木料制作，床左侧放置一圆形雕花梳妆台，方柜上摆设着精致的象牙扇等物品。

二楼是蒋介石的办公室、会客厅、卧室，卧室的配置和宋美龄卧室相仿，却多了一张躺式沙发。办公室的斜对面，是侍从室第二处主任、有"文胆"之称的陈布雷办公室兼卧室。办公室的左边，分别建有凉台和阳台，均为石柱、石栏，宽阔安适。

与主楼相连的是附房，此为1934年冬，按照主人的意图所增建的，采用封闭式内廊联为一体。从外面看为一排玻璃窗，而内部布局为一侧是通道，一边是各自独立的各功能用房：餐厅、琴房、侍卫室等。而今，此处被辟为展览厅。展览厅所展示的内容，可分为三个部分，一为美庐留存物品；二是国民政府要员们在"夏都"政治活动的历史照片及历史物品；三是牯岭历史风貌及20世纪30年代所拍摄的庐山名胜照片。

🦋 锦绣谷

自天桥循左侧石级路前行至仙人洞，为一段长约1.5千米的秀丽山谷，这便是庐山1980年新辟的著名风景点——锦绣谷。相传为晋代东方名僧慧远采撷花卉、草药处。这里四时花开，犹如锦绣，

名 · 山 · 篇

故名。北宋文学家王安石诗云："还家一笑即芳晨，好与名山做主人。邂逅五湖乘兴往，相邀锦绣谷中春"。据说是他游览即兴之作。

沿锦绣谷傍绝壁悬崖修筑的石级便道游览，可谓"路盘松顶上，穿云破雾出。天风拂衣襟，缥缈一身轻。"谷中千岩竞秀，万壑回萦；断崖天成，石林挺秀，峭壁峰壑如雄狮长啸，如猛虎跃涧，似捷猿攀登，似仙翁盘坐，栩栩如生。一路景色如锦绣画卷，令人陶醉。

位于锦绣谷中的天桥，其实有天无桥，也堪称庐山一奇。相传明代开国皇帝朱元璋早年与陈友谅大战于鄱阳湖，战败后率兵逃上庐山，慌不择路逃到此地，却见眼前悬崖峭壁，深不可测，前无去路，后有追兵，正在万分危急之时，刹那间金光闪耀，一条金龙从天而降，化作虹桥横跨悬崖两端，朱元璋绝处逢生，立即扬鞭跃马而过。待朱元璋的兵马过桥脱险后，陈友谅尾追至桥头时，忽闻霹雳巨响，龙飞桥断，无影无踪，只好鸣金收兵。

天桥之奇，尚不在桥本身。桥临绝谷，绝谷之内，多峭壁峥嵘，层层刻剥，如堆如砌，蔚为壮观。或如雄狮长啸，或似猛虎跳跃，或如捷猿攀登，或若仙翁盘坐。此时不断有云雾从谷底涌起，恰似银浪翻滚，跃上桥头，使人如入蓬莱仙境，顿生飘然欲仙之感。俄顷，一阵山风由北而来，吹散云雾，锦绣谷、天桥又一一显现，重放它的奇异风采。

🦋龙宫洞的传说

鄱阳湖边的龙石山下，有一个百来户的大村庄。有一年，不幸遇上了百年不遇的大旱，火辣辣的日头把禾苗烤得卷叶焦黄，大伙儿十分着急。

为了求雨，村上的人一个个身穿蓑衣，头戴斗笠，手举火把，十步一拜，百步一唱，走了两天两夜，来到鄱阳湖边，祈求龙王降雨。可是，人们拜了三天三夜，也没见一滴雨下来。

　　村里有个佃户，名叫彭家泉。有一天，他把五个儿子叫到跟前，说："我们不能靠天，要靠自己的双手把鄱阳湖的水引过来！你们有志气吗？"五个儿子都是好后生，听了父亲的话，齐声说："但凭父亲吩咐！"于是，彭家泉率领五个儿子，扛着铁凿、铁锤，到龙石山下去凿石洞引水。

　　他们头顶火一样的烈日，手上打起了层层血泡，日夜忙累在龙石山下。由于劳动过累，彭家泉支持不住，倒在铁一样的岩石上了。后来，老大、老二、老三、老四也先后累死了，只剩下老五一个人。

　　老五继承父兄的遗志，凿呀，凿呀！凿了一天又一天，挖了一夜又一夜。他每打一下铁凿，就淌下几滴汗珠。渐渐的，汗水竟成了一条小小的河流，向岩石缝里渗了进去。汗水流呀流，往岩石缝里渗呀渗。一天，忽然天昏地暗，风狂雨猛，"轰隆"一声巨响，岩石山炸开了！只见云雾中一条金龙飞舞，红光闪闪。一会儿，雨过天晴，金龙化作一位美貌的仙女，飘落到老五的身边。

　　老五已经惊呆了，当他听到仙女呼唤他时，才清醒过来，见身边站着一位美貌的少女，便问道："你是什么人？"

　　仙女对他深深地鞠躬施礼道："小女本楚鄱阳湖龙王之女，八百年前因羡慕人间，私自逃出龙宫，不料被父王发觉，将我压在这座龙石山下，使我隔绝人世。还是母亲怜惜女儿，见我冷清寂寞，在此修建了一座龙宫，供我玩赏，只是铁石把龙宫的大门堵死了，不能出来。今日幸遇大哥，用汗水渗透了这铁石，帮助我打开了龙门，救出小女，真是感激不尽。"

　　老五非常奇怪地问道："龙宫在何处？"

　　龙女顺手一指答道："大哥请看！"

　　老五抬头一看，果然前面山下，竖着一座高高的龙门。

名·山·篇

龙女拉住他的衣袖，进了龙门，来到洞内。里面果然高旷豁大，仙气缭绕，龙灯龙柱、珍珠奇宝，晶莹耀目，真是一座美丽的龙宫啊！

龙女领着老五来到奇妙的水晶宫，端来玉壶玉杯，请客人用茶。老五见这玉壶精致、洁白透明，放射出熠熠银光，爱不释手。龙女见他这样喜欢玉壶，便说："大哥，你若喜欢这里的奇珍异宝、小妹愿留你长住龙宫，共同赏玩！"

老五慌忙道："多谢小姐垂爱！我彭家父子六人，为黎民百姓找水救灾，父兄不幸捐躯，剩下我一人。如今，水还未找到，父兄遗愿还未实现，我怎能贪图个人享受？望小姐原谅，我回去了！"说罢，把玉壶放在桌上，转身就向外走。

龙女把他叫住说："你要找水救灾，这有何难？"说着，只见她双手握壶，举起一倒，那玉壶中的泉就喷射出来，水越倒越多，在地下汇成一条琼浆玉液般的河流，从彭家兄弟所凿的那个洞口流了出来，流到干枯的田园里。不一会儿，焦黄的禾苗返青了！

相亲们见有水了，欣喜若狂地奔向洞口。人们拾起被彭家兄弟挖断的铁凿柄，望着从洞中流出来的泉水，齐声呼唤道："彭家好兄弟！彭家好兄弟！"喊声刚落，一股云雾从洞中腾起，升向天空。云雾中，只见彭家兄弟骑着一条金龙，向远方飞去。不一会儿，彭老五和美貌女子，双双踏着云霞，向鄱阳湖岸边的庐山方向飘去了。龙女住过的龙宫，后来便叫做龙宫洞。那个终日流淌着泉水的山洞，便叫做玉壶洞。人们为了纪念彭家五兄弟，还在龙宫洞对面的山坡上修造了"五圣庙"，庙中塑了五兄弟的全身像。

三清山

　　三清山位于江西省玉山、德兴两县境内，包括南清园、三清宫、玉京峰、三洞口、梯云岭、玉灵观、石鼓岭、西海岸等景区，面积约 220 平方千米，景区内山岳风光与道教文化相映成趣。

　　三清山因玉京、玉华、玉虚三大主峰仿佛道教三大天尊、三个境界（玉清境元始天尊、上清境灵宝天尊、太清境道德天尊）而得名，有"高凌云汉江南第一仙峰，清绝尘嚣天下无双福地"的赞美。三清山峰峦叠嶂，古木参天，青山滴翠，风光绮丽。玉京峰是三清山最高峰，海拔 1816.9 米，雄踞万山之巅，具有雄伟、险峻、秀美三大特点。三清山美景处处，处处迷人：天然造化的女神峰，长裙垂地，秀发齐肩，体态丰满，掌中捧着两株可爱的小青松；"巨蟒出山"仿佛一条凶恶的巨蟒伸出长长的脖颈，昂首横空；此外还有观音听琵琶、五屏迎旭、双剑峰、三龙出海、老道拜月、真绝顶、猴王献宝等胜景。三清山终年绿色葱葱，有香花十里杜鹃林、三千亩黄杉树、十万株古苍松。云海、日出、晚霞、月夜为三清山的特色景观。

🦋 南清园景区

　　南清园景区位于三清山的中心位置，是三清山自然景观最奇绝的景区，平均海拔为 1577 米。南清园集中展示了 14 亿年地质演化形成的花岗岩峰林地貌特征，是三清山自然景观的精华。范围包括从浏霞台经禹皇顶、巨蟒出山、司春女神、杜鹃谷、一线天至游仙谷，构成一个环线。三清山几大标志性景观都在此景区，奇峰异石、

名·山·篇

雄浑山岳、壮阔云海、珍奇花木遍布其中，景观丰富。

南清园最可观的当数三清山的几大标志性象形山峰，如巨蟒出山、司春女神等，形神皆备；景区几大主要观景台均为观赏晚霞、日出的绝佳位置，如浏霞台的晚霞、云海，玉台的日出、日落及神光等，气势恢弘，绚丽多姿；景区内还有方圆数百亩的千年杜鹃谷，谷中树龄上千年的杜鹃树比比皆是，每年 5～6 月份花开时节，芬芳满山，殊为可观。

南清园流霞台过后有分岔路可以去西海岸景区，仙姑晒鞋景点过后不远就有分岔路可以去玉京峰景区。

玉京峰景区

玉京峰景区是三清山最高的景区，海拔 1816.9 米。景区范围从九天应元府、红茶花石，经郁松岭、跨鹤桥、登真台、玉华峰、玉虚峰，到蓬莱三峰一带。

玉京峰景区是三清山海拔落差最大的景区，景区内除了玉京、玉虚、玉华三座主峰高凌云端，还有蓬莱三峰、垂直千米的飞仙谷、深渊万丈的王母谷，更有天象奇观云海、雾涛、日出、佛光等。不登玉京峰，难得三清妙。所谓"地到无边天作界，山登绝顶我为峰"，观山不至顶，总有些缺憾。只有站在玉京峰顶，俯瞰脚下千山万壑时，三清山的壮阔才会完整展现。

上玉京峰的路线有两条：一是从南清园走冲霄谷至玉京峰，一路皆是好汉坡，游步道随山谷延伸，林阴蔽日，险而陡，一路行来非常寂静，这段游步道景点较少，却是三清山核心景区中原始风味较足的区域，适合"毅行"；二是从三清宫经九天应元府上玉京峰，这也是较多游客选择的路线，这条路线上玉京峰的游步道相对平缓，登玉京峰后走冲霄谷下，最陡的冲霄谷变成下坡，相对可节省很多体力。一般选择上午时间，经过一夜的修整后，上午的体力较充沛。

而且云海、雾涛、佛光最易在清晨至上午时间段出现。

三清宫景区

三清宫景区是道家思想文化、古建筑的主要集中地，也是道教古建筑群的"露天博物馆"。景区平均海拔约 1530 米，范围上至"九天应之府"，下至"风门"。三清宫景区历时 1600 多年，源远流长，共有观、殿、府、坊、泉、池、桥、墓、台、塔等 230 多处古建筑及文物。这些古建筑及文物依据"先天八卦图式"精巧布局，是研究我国道教古建筑设计布局的宝地。

三清宫总体建筑面积 518 平方米，为明代景泰年间王祜重建，大殿坐南朝北，背倚九龙山，门朝天门峰，面对北斗紫微星。三清宫象征太极中心阴阳两殿。南方的演教殿、北方的天门石坊、东方的龙虎殿、西方的涵星池、东北方的风雷塔、西南方的金鼓石、东南方的九天应元府、西北方的飞仙台分别象征着乾、坤、离、坎、震、巽、兑、艮，整个三清山古建筑群八部景物形成了以三清宫为中心的"先天八卦图"，缜密与独特的布局和构思，具有极高的研究价值。

三清山的传说

传说东晋升平年间，有一天，一个身穿麻衣，脚着双耳草鞋的老道，来到金沙这个地方。他抬头西望，只见前面群峦叠嶂，三座巨峰，劈地摩天，不禁连声赞道："好山！好山！"忙向老农打听。老农说："我家三代住在这里，也不知道叫什么山。听老辈人说，这山峰上面，常有异光紫云出现。"老道心想：山上既有异光紫云，决非俗境，何不就此上去拜谒。

他一边攀登，一边观赏，不觉来到一片密林中，忽见浓阴深处有一间简陋的茅屋，一个书生模样的老人正在灶下烧火做饭，老道便向茅屋走去。那老书生见来了一个年已古稀的出家人，便请入内，

名·山·篇

留饭留宿。饭后，老书生问起老道法名，从何而来。老道答道："贫道姓葛，单名洪，贱号抱朴子，本在西湖旁岭上炼丹。听说交趾一带出有丹砂，正要到沟漏山去一趟。路过这里，因见这三峰奇绝瑰丽，且听说有异光紫云凝聚，特来拜谒。"

老书生一怔，忙问："道长莫非是当朝关内侯葛洪？"

葛洪道："正是。可我早已弃官入了山门了！请问老先生尊姓，为何一人独居山林？"

老书生长叹一声说："小弟姓李，名廉山，本在户部供职。谁知朝政不振，征敛无度，奸佞肆虐，饿殍遍地。皇上不听忠谏，反而姑息养奸，我一气之下，告了长假，因此来到了这里。"

葛洪听了，忙施一礼："老先生原来就是当今廉正的李尚书，葛洪失礼了！"

李尚书扶起葛洪说："如今你我都是清白百姓了，还拘什么礼呀！不知你因何辞官踏入山门？"

葛洪说："说来惭愧。想当初我年轻时，糊里糊涂帮广陵度支陈敏杀了石冰的许多饥民义兵，助纣为虐，罪过不少！为洗手净身，便辞官入山，炼我丹药了。"

李尚书说："道长说得极是，令人敬佩！"

葛洪说："李尚书，我有一言，不知该说不该说？"

李尚书说："有何见教，但说无妨。"

葛洪说："尚书告假隐居，不问世事，洁身自好，倒是自在多了。可是饥民饿殍仍不绝于世，只是你闻若未闻，见若未见罢了！这不是自己骗了自己？"

李尚书一惊："以你之见呢？"

"不如随我入山，潜心修道，布扬道义，结庐炼丹，普救众生！"

李尚书听了，不由沉思起来。回想在朝供职之时，常听同僚说：

葛洪自小就跟着葛玄弟子郑隐学炼丹之术，不仅善于医道，且能以丹药为百姓治病，百姓都叫他"葛仙"。如若随他入山，虽然超脱凡尘，免去了许多烦恼，但却枉读了数十年的诗书了，落得被人讥笑，于是抬头便对葛洪说："此事且容我再想一想。"

葛洪点点头独自一人信步来到岭上，观赏起月下景色来。这时，远远传来一阵丝竹之声，十分好听。葛洪正在惊疑，又见三架五彩祥云，从天上徐徐落在三峰之上。那三峰顶上便各自升起一道祥云瑞气把群山照得如同白昼，他又惊又喜。因听师傅说过，大凡山上有祥云凝聚，必有大仙降临。今日祥云聚于三峰，足见这山绝非俗地了！便连声喊："李尚书快来！"李尚书正在屋里徘徊沉思，听见喊声，忙走出来，见此情景，直惊得目瞪口呆。葛洪一把拉过李尚书说："这三峰，分明是三清列座的仙山，今日既已看见，机缘非浅，你还不快随我入山，永离凡尘，还等何时？"说罢倒身便拜。

李尚书疑惑地问："何谓三清？"

"就是清微天玉清元始天尊，禹余天上清灵宝道君，大赤天太清太上老君。"

"如此说来，李某遵道长之命！"李尚书忙朝葛洪一拜，一把扯下头上的方巾，挂在一石柱上面，紧随葛洪，直朝峰顶走去了。这条岭，后人便叫李尚书"挂冠岭"。

两人登上峰顶，却见三个白发长须老翁盘坐在巨石之上，二老正在下棋，另一老翁在旁观看。葛洪想这三个老翁个个鹤发童颜，定然是三清天尊了！正想上前朝拜，突然从身后跳出一只猛虎，长啸一声，直扑葛洪和李尚书。葛洪忙闪身岩后，李尚书躲避不及，"啊呀"一声吓瘫在地。葛洪扶起他时，三个老翁已各自骑上四不像、梅花鹿、斑虎，驾起祥云飘然而去了。

葛洪和李尚书朝天拜了八拜，便在玉峰山下结庐定居，筑炉掘

井，一面炼丹，一面著书立说，宣扬三清教义，丹炉紫烟终日不断，求赐丹药的人络绎不绝。自此，葛洪便被尊为开山始祖，此山便得名为"三清山"。

后人为纪念葛洪，把葛洪施舍丹丸的地方称为"葛仙观"。至今，玉京峰下还留有葛洪凿石而成的炼丹八卦炉、李尚书铸铁炉和丹井的遗迹。丹井口圆，直径三尺左右，四周石板铺地，深丈余，水清如镜，终年不涸。当年丹炉紫烟将上面一块巨石熏成紫色，"紫烟石"也因此得名。峰顶三位天尊对弈的石上，棋盘清晰可见，后人便称为"棋盘石"。

井冈山

井冈山位于江西省西南部，湘赣两省交界的罗霄山脉中段，东西 40 千米，南北 45 千米，有"五百里井冈"之誉。井冈山风景区面积 210 平方千米，分茨坪、龙潭、黄洋界、五指峰、笔架山、大小五井、石燕洞、桐木岭等景区，有景观 270 多处。

井冈山是中国革命的摇篮。1927 年毛泽东在此创建了全国第一个农村革命根据地。1928 年 4 月，朱德、陈毅率领部队到达宁冈砻市，与毛泽东会师。现存革命遗址几十处，是全国重要的爱国主义教育基地。

井冈山山势巍峨险峻，直指霄汉，500 多座峰峦海拔多在千米以上，最高峰海拔 1841 米。著名的五大哨口扼守着进出井冈山的 5 条通道。山上古木葱茏，绿竹摇翠，杜鹃艳丽，令人目眩神驰。素绢悬挂的瀑布，形态逼真的奇石，曲折深邃的溶洞，千古不竭的温泉，变幻莫测的气象，古朴恬静的民居，如诗如画，令人耳目一新。

井冈山属亚热带季风性气候，年平均气温 14℃，最热的 7 月份平均气温 24℃，夏无酷暑，冬无严寒，气候温暖湿润。森林覆盖率为 64%，有"绿色宝库"、"巨大的动植物基因库"之称。拥有各种植物 3800 多种，其中高等植物 2000 多种，珍稀树种 30 多种，稀有动物 20 多种。

五指峰

五指峰位于茨坪西南面 6 千米处，因峰峦像人手的五指而得名，海拔 1438 米。五指峰峰峦由东南向西北伸延，绵亘数十千米，气势磅礴，巍峨峻险，至今杳无人迹，还是个"神秘世界"，人只能站在隔岸的"观景台"上远望其巍峨的雄姿，是保存完好的原始森林，现已列为自然保护区。两边巨峰对峙，中间一条深谷，谷底为龙庆河，即井"龙庆洞"。传说此洞曾藏龙居仙，当年红军曾在此顶严寒、斗冰雪，坚持了 40 多天游击战，故名"游击洞"。景区内是一座天然的动植物园，这里是短尾猴、木鹿、黄腹角雉等珍禽异兽出没的地方。五指峰下的龙庆河，盛产石鸡、石鱼，河谷峭壁上盛产石耳等。五指峰还有一座瀑布，落差约 200 米，如同千尺素绢半空悬挂，在几千米以外就可眺见，并有流动感。五指峰瀑布是井冈山落差最大的瀑布。五指峰脚下有一群峦湖，犹如一轮明月映照在茫茫云海之中，为主峰景区增添了迷人色彩。四季如春的气候条件和风景如画的高山流水，为避暑和旅游观光提供了天然场所。值得一提的是，面额一百元人民币的背景图就是井冈山主峰五指峰。神游于此处的游客，往往会拿出一张百元大钞，将画面与完景对照一番，这也别有一番情趣。五指峰下的龙庆河盛产"井冈三石"：石鸡、石鱼、石耳。整个保护区春季峰峦叠翠，鸟语花香；夏末蛙蝉齐鸣，悦耳动听；秋日红叶映日，层林尽染；冬天银装素裹，冰晶似玉。

名·山·篇

大 井

大井位于茨坪西北面 7 千米处，革命历史参观点有毛泽东同志旧居、红军医务所旧址等。1927 年 10 月下旬，毛泽东率领中国工农革命军上井冈山首先就到达这里。他领导红军深入群众，向群众宣传革命真理，组织、武装群众、帮助群众进行生产劳动，解决实际困难。他们还在这里设立了红军医务所，免费给当地群众看病、治疗。并且在这里开始了对地方武装王佐部队的教育改造工作。1928 年 2 月，王佐率领地方武装参加工农革命军，被改编为工农革命第二团第二营，从而壮大了革命队伍。大井的革命遗址已列为中国重点文物保护单位，并对外开放。

除了革命历史参观点外，大井还有中国名山大川罕见的高山田园风光。大井周围的群山，横看成岭侧成峰，松峰顶篁交翠，古树成林，溪涧流泉清洌，石鱼历历可数，美味的石鸡、珍稀保护动物娃娃鱼也分布于此。当地居民的住宅则环境清幽，建筑风格古朴，和周围环境相映成趣。村寨周围的稻田像天梯一样直入云雾深处。旅行者从喧闹的大城市来到这里，看到的是一幅高山田园画，听到的是一首高山田园诗，耳目自然为之一新，所有的烦恼自然为之消融。

井冈山山名的传说

很早以前，在一片寸草不生的芦山秃岭下，有一个村庄，住着百十户人家，全靠种田糊口度日，生活异常贫困。

有一天，来了个 20 多岁的年轻人，看着这片光秃秃的山岭，摇着头说："真可惜这么一块好山岭呀！怎么不种上树木呢？"

族长告诉他："山上缺水，我们派了许多人上山找水脉挖井，但就是找不到水脉、挖不出井水来。我听老辈人讲，以前这里可是山清水秀，林木茂盛。但是有一天，突然下起了倾盆大雨，咆哮的雨水围着这片山淹了几十天，结果，花草树木都被淹死了，山上的飞禽走兽也绝了种。从此，周围下雨，唯独这块山岭未降过半滴雨。"

年轻人不解地说："哦？还有这种事？我不信。老爷爷，我叫掘井，祖祖辈辈挖井为生。我帮你们上山找水脉挖井。"

族长高兴地说："太好了！我代表全村人感谢你，请吧，掘井师傅。"

掘井就在村里住了下来。

第二天，掘井带着20多个身强力壮的小伙子上山找水脉。他们每天从太阳未出山到红日沉西边，寻了一天又一天。结果，连一条水脉也没找到。没过10天，就有人打退堂鼓了，到最后，只剩下掘井一个人。

渐渐地，村里有了闲话："这个掘井怕是个骗子吧？怎么寻了这么多天，也没挖出一口井来呢？""是呀！今后不供他吃饭了，叫他滚吧！"

掘井听到了这些闲言碎语，并不计较，他坚定地向族长表示："我如果找不到水脉，挖不出井水来，就死在这块山岭上。"

他风里来，雨里去，不管是炎热的酷暑，还是刺骨的寒冬，从不间断。就这样，掘井师傅在山上找了3年零3个月，仍没找到一条水脉挖出一口井来。

有一天中午，太阳像一轮火球，晒得掘井大汗淋漓，几乎要昏厥过去。这时，来了一个拄拐杖的叫花子，说："小伙子，别找了，这座山底下没水脉。"

掘井说："我不信，我不找到水脉，不挖出井来，不使这片荒山秃岭长出树木，我就葬身在这里。"

叫花子面露微笑，点点头说："世上难得有你这么胸怀壮志的好青年。好吧，我助你一臂之力。"说完，用竹拐杖往地上一戳，立

刻，满山遍野，溪水潺潺；又一戳，满眼绿草茵茵，鲜花朵朵；再一戳，茂林修竹拔地而起，迎风摇曳。

掘井知道遇上了相助的神仙，倒地便拜："谢谢您，老人家。"

神仙扶起掘井说："不用谢，不用谢。"

掘井又问："老人家，你怎么知道山下没水脉呢？"

神仙说："很久以前，天宫有个雨神，见这里风景优美，就下凡到这里来游玩观光。谁知，这山林豺狼虎豹特别多，雨神被虎狼咬得伤痕累累。他气坏了，回天宫后，就给这片山下了几十天的倾盆大雨，把整座山的猛兽都淹死了，并切断山底下的水脉，不给这片山下半滴雨，叫这座山永远光秃秃的，寸草不长。"

掘井说："这雨神的胸怀也太狭窄了，这么一报复，可害苦了这里的百姓呀！"

神仙说："是呀，这也是雨神当时一时气愤所致。后来，他被一个年轻人为解除百姓疾苦，发愤要使这片荒山秃岭长出树木的精神所感动，于是就赶来补救自己的过错。"

掘井恍然大悟："哦？你就是那位雨神呀！"

雨神说："对！我就是那位雨神，为了让这片山岭永远青翠欲滴，我要接通下面的水脉。"说完，把竹拐杖插入地底，雨神随着一阵清风不见了。

从此，这片山岭披上了郁郁葱葱的绿装，这里的老百姓也过上了富足的生活。老百姓为了纪念掘井师傅坚忍不拔、百折不挠的精神，以"掘井"的"井"字打头，把这片山岭叫做"井冈山"。

泰　山

　　我国最美的、令人震撼的十大名山之一的泰山巍然屹立于山东省中部，是中原大地上一颗璀璨的明珠。泰山又名岱山、岱宗，是我国五岳之首，素称"五岳独尊"、"天下第一山"。

　　几千年来，泰山成为历代帝王封禅祭天的神山，随着帝王封禅，泰山被神化，因而又享有"五岳之长"的称号。泰山居高临下，凌驾于齐鲁丘群之上，真正成了茫茫原野上的"东天一柱"。这样古人便有泰山为天下之中的感觉，也就有了孔子"登泰山而小天下"之语和唐代诗人杜甫"会当凌绝顶，一览众山小"的佳句。

　　泰山是我国著名的山岳公园。泰山山势磅礴，雄伟壮丽，山谷幽深，林木繁茂，著名景观有天烛峰、日观峰、百丈崖、仙人桥、五大夫松、望人松、龙潭飞瀑、云桥飞瀑、三潭飞瀑等。泰山之胜，在于一登。从山脚的岱宗坊出发沿 7000 多级的石阶拾阶而上，仿佛置身于一幅浓墨重彩的山水画之中。途中险处不多，只是快到南天门的十八盘，山路陡峭，险象环生。

　　泰山是一本天然的历史书，全山有古建筑群 20 多处，历史文化遗迹 2000 多处。它用山体、岩石、林木记载了几千年来数以百代帝王或代表帝王的使臣封禅祭祀的历史。从先秦时代到我国封建社会结束，形成了最具代表性的帝王封禅祭祀、百姓朝山进香的路线，即从祭地的嵩里山经帝王驻地的泰城岱庙，到封天的玉皇顶，构成了长达 10 千米的地府—人间—天堂的一条轴线。

　　泰山还是一座文物古迹宝库。从岱庙到山顶的碧霞祠，沿途有

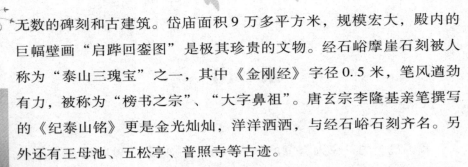

无数的碑刻和古建筑。岱庙面积9万多平方米，规模宏大，殿内的巨幅壁画"启跸回銮图"是极其珍贵的文物。经石峪摩崖石刻被人称为"泰山三瑰宝"之一，其中《金刚经》字径0.5米，笔风遒劲有力，被称为"榜书之宗"、"大字鼻祖"。唐玄宗李隆基亲笔撰写的《纪泰山铭》更是金光灿灿，洋洋洒洒，与经石峪石刻齐名。另外还有王母池、五松亭、普照寺等古迹。

今日之泰山，正以其雄伟壮丽、庄严伟岸的风姿和源远流长、博大精深的文化内涵，卓然屹立于世界的东方，展示着文明古国的风采。

灵岩寺

灵岩寺坐落于泰山西北麓，始建于东晋，距今已有1600多年的历史。该寺历史悠久，佛教底蕴丰厚，自唐代起就与浙江国清寺、南京栖霞寺、湖北玉泉寺并称"海内四大名刹"，并名列其首。

驻足灵岩胜景，你会看到这里群山环抱、岩幽壁峭；柏檀叠秀、泉甘茶香；古迹荟萃、佛音袅绕。这里不仅有高耸入云的辟支塔、传说奇特的铁袈裟；还有隋唐时期的般舟殿、宋代的彩色泥塑罗汉像；更有"镜池春晓"、"方山积翠"、"明孔晴雪"等自然奇观。故明代文学家王世贞有"灵岩是泰山背最幽绝处，游泰山不至灵岩不成游也"之说。寺内有北魏石窟造像，唐代的宇寺塔，宋朝的泥塑绘画，寺内的罗汉泥塑像制作于宋代，梁启超称之为"海内第一名塑"。

辟支塔为一座八角九层楼阁式砖塔，塔高55.7米，塔基为石筑八角，上有浮雕，镌刻有古印度孔雀王朝阿育王皈依佛门等故事。辟支塔气势雄伟、造型美观、结构复杂、比例适当，呈典型的宋代风格，为灵岩寺标志性建筑。

岱宗坊的传说

相传，当年碧霞元君为了独占泰山，用各种方法战胜了很多对手，终于成了一山之主。虽如此，碧霞元君仍贪得无厌。她依仗自己父亲玉皇大帝的权势，不断将管辖范围向四周扩张。这样便引起了各方神仙的愤慨，大家纷纷到掌管封神大权的姜子牙那里去告状。

一天，姜子牙带着《封神榜》来到泰山，给碧霞元君划定管辖范围：从泰山极顶算起，四周各管五十里。碧霞元君嫌管的地面小，当场就和姜子牙争吵起来。

姜子牙不气不火，好言劝道："元君！你若嫌地面小，咱们可以再作商量嘛！"

"怎么商量法？"碧霞元君问。

姜子牙不慌不忙地说："你可以找件东西来，往山下扔，东西落到哪里，你就管到哪里，你看行不行？"

碧霞元君心想，就凭我的本领和力气，扔个百儿八十里是没问题的！便答应说："好，就这样办！不过，咱可要说话算数，谁也不许反嘴呀！"

"一言为定，绝不反嘴！"姜子牙一本正经，十分认真地说。

这时，碧霞元君弓腰拣起碗口大的石块，抬手就要往下扔，姜子牙急忙拦住，说："慢！石头遍地都有，你把它扔下山去怎么能找得到？就算找到了，别家神仙不承认也不好办啊！依我看，还是扔件别人都没有的东西最好。"

碧霞元君也觉得这话有理，但一时又找不到合适的东西，喃喃自语道："这可叫我扔什么东西好呢？"

姜子牙慢吞吞地启示道："依我看，你穿的这绣花鞋别人都没有。你将它扔出去，既好寻找，别人也不敢不认账！"

碧霞元君听了，心想：对，我把一只绣鞋扔下山，一只拿在手

中，谁敢不认账？于是便脱下一只绣鞋，用上全身气力朝山下扔去。扔完绣鞋以后，姜子牙和碧霞元君以及其他各路神仙一齐在山脚下，找到了那只绣鞋。只见那只绣花鞋跟朝上、头朝下地插在地上，形似一座小小的坊门。他们一算里程，从这地方到极顶，只不过二十来里。这时，碧霞元君才知中了姜子牙的计，但又不好反嘴，只好默认了。

后来，人们便在这里建起了一座坊门，取名岱宗坊，成了登泰山的起点。泰山脚下，凡是从泰安北关登山的人，都必须以这里为起点向上攀登。

崂　山

海山相连、雄奇秀丽、风光秀美的崂山位于青岛省东部、黄海之滨。它以其峰雄壑险、水秀云奇、风景如画，而得到"泰山虽云高，不如东海崂"的赞誉。传说秦始皇、汉武帝都曾来此求仙，给崂山涂上一层神秘的色彩。崂山是我国著名的道教名山，过去最盛时，有"九宫八观七十二庵"，全山有上千名道士。著名的道教人物丘长春、张三丰都曾在此修道。

山海相连，山光海色，正是崂山风景的特色。在全国的名山中，唯有崂山是在海边拔地崛起的。绕崂山的海岸线长达 87 千米，沿海大小岛屿 18 个，构成了崂山的海上奇观。崂山主峰叫巨峰，海拔1332.7 米，是中国 1.8 万千米海岸线上最高的山峰。巨峰上的观景台地势险峻，仅可容纳两三人。举目远眺，水天一色，浩渺苍茫。

崂山属花岗岩地貌，峰雄石奇，山石形态各异，堪称一绝。海拔 500 米以上的山脊上奇峰突兀，怪石嶙峋，造型奇特，千姿百态，栩栩如生，素有"天然雕塑公园"的美誉。

崂山的人文景观与自然景象交相辉映，令人叹为观止。拾阶而上，可观太清宫、上清宫、太平宫、华严寺等景点。看香火袅袅，闻寺钟悠扬，观山水奇观，听不老传说，可谓动中有静，静中有动，浑然天成，让人不忍移步。

太清宫

太清宫又名下清宫，始建于西汉武帝建元元年（公元前140年），太清宫始建于西汉建元元年，距今已有两千多年的历史，占地3万平方米，建筑面积2.5万平方米。太清宫内供奉有"元始天尊"、"灵宝天尊"和"道德天尊"神位，道教名士张三丰、刘若拙、李哲玄等人均在太清宫留下过修炼布道的印迹。太清宫也因此声名日渐，为世人所瞩目。前临太清湾，背依七峰，为崂山道教祖庭，是崂山最大的道观，全真道天下第二丛林。道教的"返璞归真"内涵与崂山自然生态互为诠释，浑然天成。

太清宫位于崂山南麓老君峰下，三面环山，前濒面海，四季葱茏赛江南。现占地3万平方米，建筑面积约2500平方米，共有房舍150余间。太清宫共分三官殿、三皇殿、三清殿三个独立院落，每个院落都有独立的围墙，单开山门。

三官殿这组建筑最大，前后三进院落。殿内塑有天、地、水三官以及真武、雷神等神像。院内有紫薇、银杏、牡丹、耐冬等花木。特别是正殿前院的两棵干粗合抱的耐冬（山茶花），一棵开红花，一棵开白花，每逢冬尽春临之际，拳头的花朵开满枝头，红的火红，白的雪白，花期持续三个月。寒冬季节，满树绿叶滴翠，红花娇艳，犹如落下一层绛雪。据说这两棵耐冬，是明永乐年间道士张三丰从海岛上移植于此。三皇殿院子里有两株古柏，汉代所植。太清宫三

面环山，一面临水，周围有许多景点和刻石。因此，太清宫一带就成了崂山游览区的中心。

龙潭瀑

龙潭瀑又名玉龙潭，位于崂山南麓八水河中游。水源来自海拔500米的天茶顶和北天门之间的山谷崂，涧水穿山越岭，沿路汇集了数十条溪水，聚成一股急流，奔腾而下，在一处高约30米的崖顶平台上，平直地冲出数尺之外；水在半空中飞旋了几曲折之后，会合成一道长约30米，宽约5米的瀑布，顺着九十度的峭壁跌入崖下的碧潭之中。那气势，宛如一条矫健的玉龙，从悬崖之巅，腾云驾雾，呼啸而下，击得潭中水花四溅。因此人们叫它"龙潭瀑"，瀑下的深潭取名"龙潭"，潭中碧水凝寒，清澈见底。山雨过后，洪涌瀑注，飞腾叫啸，蔚为壮观。在崂山十二景中，称"龙潭喷雨"。

巨　峰

巨峰是崂山主峰，俗称"崂顶"，位于崂山中部群峰之中，海拔1127.3米。它为崂山九大风景游览区中最高最险峻的一个景区。有一线天、黑风口、五指峰、比高崮、灵旗峰、自然碑等景观。巨峰极顶有一块几尺见方的岩石，名"盖顶"，又称"磕掌"，仅能容三四人。巨峰山势陡峭，攀登艰难。西从柳树台东上15千米。南从烟云涧行10余千米，西北由鱼鳞口向东南攀行约5～6千米，东由上清宫或明霞洞西去，西南循大圈子、迷魂涧均可抵达巨峰。

"云海奇观"、"旭照奇观"、"彩球奇观"是巨峰景物中的三大奇观。特别是"旭照奇观"，绮丽壮美，被列为崂山十二景之冠，称"巨峰旭照"。

佛道之争的传说

崂山是我国道教名山，而崂山上的太清宫又以年代久远、名士云集而闻名遐迩。然而，就是在这样一块纯净的道教宝地上，却意外发现一块矗立着的石碑，上书：海印寺遗址。在这道家领地上，怎会突兀地冒出个佛家的庙堂呢？

据说明万历十三年（1586年），一位法名为憨山的和尚想在太清宫前修建一座寺庙，名为海印寺。可他的想法遭到了笃信道教的神宗皇帝的否定。可神宗皇帝的母亲却信奉佛教，她得知憨山想在太清宫前修建海印寺，便瞒着皇帝派后宫嫔妃帮助憨山建寺。

明万历十八年（1591年），海印寺落成，它矗立在太清宫前，以其雄浑的气势将太清宫遮挡个严严实实，并与太清宫形成了佛道对峙的局面。此时，太清宫一位名叫耿文兰的道人，对憨山的行为强烈不满，还上奏朝廷，欲与憨山大师决一雌雄。朝廷中的一些官员惧怕皇太后的威力，不仅没有将耿文兰的诉状呈递给皇上，反而罗织了一大撮莫须有的罪名要抓耿文兰治罪。耿文兰只得逃离太清宫。

明万历二十三年（1596年），耿文兰逃到了北京白云贯，他得知白云贯主持王长月经常给神宗皇帝的郑贵妃治病，于是他便请王长月趁给郑贵妃治病之机，将诉状转呈给神宗皇帝。神宗皇帝闻知此事后龙颜大怒，于万历二十八年降旨捣毁海印寺，还太清宫本来面目，并将憨山发配到了广东雷州，憨山只活到七十八岁便圆寂了。

据说，他死后灵魂再次飘临太清宫，并在太清宫后的崂山上化为一尊石和尚，日夜窥视着太清宫动静。果不其然，在太清宫左侧山顶上有一石块，形态酷似一位坐着的和尚，旁侧还有一块屏风般的巨石，有人说那是块遮羞石。已化为石和尚的憨山大师，一面躲在屏风后面，羞于面对当初帮助他建庙的嫔妃与众和尚，一面还在静观太清宫的兴衰变幻，以图有朝一日重建寺庙，再与太清宫比个高低。

而今，就在海印寺依稀的废墟上，矗立起了一面长十余米、高

名·山·篇

三米多的白色花岗岩，上面记载了这个佛道相争的故事。或许，它将会给后人留下某种启示。

嵩　山

　　中岳嵩山古称太室山，位于河南省登封市境内。总面积450平方千米，东依省会郑州，西临古都洛阳，北临黄河，南靠颍水。嵩山由太室山和少室山组成，全山有72峰，最高峰（峻极峰）1491.7米，东西绵延约60余千米。嵩山峰多寺也多，有"上有七十二峰，下有七十寺"之说。嵩山是历代帝王将相封禅祭祀，文人学士游宴讲学，佛、道、儒传习修炼的重要场所，名胜古迹星罗棋布，被誉为三教荟萃之地，以其"奥"闻名于世。

　　嵩山风景名胜区由少林寺、中岳庙、嵩阳书院、观星台、三皇寨、白沙湖6大景区组成。景区各具特色，各藏奥妙。正如清乾隆皇帝所云："嵩山好景几千秋，云雨自飞水自流。远观南海三千里，近望西湖八百洲。万里长江飘玉带，一轮明月滚绣球。好景一时观不尽，天生有缘再来游"。这些自然景观或雄壮魁伟、秀逸诱人，或飞瀑腾空、层峦叠嶂、多彩多姿。嵩山林木葱郁，一年四季迎送风雪雨霜，生机盎然。峻极峰上松林苍翠，山风吹来呼啸作响，轻如流水潺潺，猛似波涛怒吼，韵味无穷。秋季的嵩山，少室山的红叶更是迷人。少室山山势陡峭险峻，奇峰异观，比比皆是。登上山顶环顾四周，群山碧绿，林海荡漾，雪雾缥缈如临仙境。灵霄峡、大仙峡、响潭沟、挂冰崖、水帘洞、回音楼等景物自然天成，引人入胜。

嵩山除优美的自然风光外，更以星罗棋布的名胜古迹、亭台楼阁著称。著名的有北魏嵩岳寺塔、汉代嵩山三阙、元代观星台、少林寺、中岳庙、会善寺、法王寺塔、初祖庵、嵩阳书院、刘碑寺题刻等。

中岳庙为北天师道的发祥地，是我国著名的古代建筑群之一。始建于秦，历代重修扩建，现存庙宇为清代依北京故宫形式规模重建，占地11万平方米，有殿、宫、楼、阁等建筑400余间。中岳庙坐北朝南，山峦环拱，高低有致，雄伟壮观。主要建筑有中华门、天中阁、崇圣门、三化门、中岳大殿、峻极门、峻极坊、寝殿等。

嵩山还是《三皇经》、《五岳真形图》和《阴符经》的发祥地，嵩山山势雄浑，古老神奇，文化灿烂，景色瑰丽，丰富的人文景观和自然景观为嵩山赢得了众多美誉：历史学家称它为"文物之乡"；建筑家称它为"建筑艺术宫"；书画艺术家称它为"书画艺术珍藏馆"；地质学家称它为"五世同堂"；旅游家誉它为"五岳之尊"；武术界认为它"天下功夫第一"。

少林寺

天下第一名刹少林寺，位于河南省登封市，由于其坐落嵩山的腹地少室山下的茂密丛林中，所以取名"少林寺"。它是闻名中外的少林武术的发源地，也是我国佛教的禅宗祖庭。

北魏太和十九年（495年），孝文帝为安顿印度高僧拔陀而依山敕建少林寺。释迦牟尼大弟子摩诃迦叶的第二十八代佛徒达摩渡海至广州，经南京北渡长江来到嵩山少林寺。他广集信徒传禅宗，被佛教界尊奉为我国禅宗的祖初，少林寺也被奉为我国佛教的禅宗祖庭。

少林寺以禅宗和武术并称于世。隋唐时期，已负盛名；宋代，少林武术已自成体系，风格独绝，史称"少林派"，成为我国武术派

别中的佼佼者。元明时期，少林寺已拥有僧众 2000 余人，成为驰名中外的大佛寺；清代中期以后，少林寺逐渐衰落；直至近代，又成为游人热衷到访的古刹胜迹。

现存的少林寺占地 3 万平方米，主要建筑有山门、千佛殿、方丈室、达摩亭、白衣殿、地藏殿、天王殿、大雄宝殿、初祖庵、达摩洞、二祖庵。此外还有附近的唐代法如塔、同光塔，五代时的法华塔、元代的缘公塔等等。寺内留存下来的文物相当丰富，如：自北齐以后的历代石刻 400 余块；唐至清代的砖石墓塔 250 余座；北宋的初祖庵大殿；明代的五百罗汉巨彩幅色壁画；清代的少林拳谱和"十三棍僧救唐乏"等彩色壁画等等，都具有较高的历史和艺术价值。

🦋嵩阳书院

嵩阳书院位于嵩山的南麓，创建于北魏孝文帝太和八年（484年）时，当时称嵩阳寺，唐代改为嵩阳观，到五代时周代改建为太室书院。宋代理学的"洛学"创始人程颢、程颐兄弟都曾在嵩阳书院讲学，此后，嵩阳书院成为宋代理学的发源地之一。明末书院毁于战火，清代康熙时重建。嵩阳书院经历代多次增建修补，规模逐渐形成，布局日趋严整。

嵩阳书院是我国古代高等学府，它与河南的应天书院、湖南的岳麓书院、江西的白鹿洞书院，并称为我国古代四大书院。这里山峦环拱，溪水长流，松柏参天，清雅静谧。乾隆皇帝游历嵩山时，曾留下"书院嵩阳景最清，石幢犹记故宫铭"的诗句。在我国历史上，嵩阳书院以理学著称于世，以文化赡富，文物奇特名扬古今。

纵观嵩阳书院的建筑，古朴典雅，蔚然壮观。由大门、先圣殿、讲堂、道统祠和藏书楼组成。先圣殿内祀孔子及四大弟子像，道统祠内有周公、大禹、尧帝像。藏书楼原为存放儒家经典的书房。在讲堂之后有泮池，为儒家弟子中举之后回来绕行怀念宗师孔子的地方。中轴线两侧的配房，均为硬山式建筑，分别为程朱祠、丽泽堂、博约斋、碑廊等。此外，嵩阳书院内还有《汉封将军柏碑》、北宋黄庭坚的《诗碑》、明代的《四箴碑》、《石刻登封县图碑》等50余通。

🌿启母石的传说

千百年来，在民间一直流传着许多大禹治水的故事。"启母石"便是这些故事中的一个。

在嵩山脚下，矗立着一块几丈高的巨石。从巨石上裂下来一块石头，像一尊雕像站立在那儿，相传这就是夏禹的妻子涂山氏变的。冈为涂山氏的儿子叫"启"，所以后人都把这块巨石叫"启母石"。

在离"启母石"不远的地方，还立着两根由大块方石头垒成的门柱，上边刻着打猎、农耕的浮雕画。这就是当时大禹的家门口，后人叫"启母阙"。

相传那时候，洪水横流。为了使人民安居乐业，大禹治水，跑遍了九州四野。在嵩山南面，西自龙门，东到禹县，有一条大河叫颍河。颍河一泛滥，两岸就变成一片汪洋，什么庄稼也不能生长。

大禹为了把洪水排出去，就在登封县西北的荨岭口（也叫轩辕山）一带，凿山治水。他打算把嵩山南面的洪水引进北面的洛河，然后再让它流到黄河里去。

一天，大禹来到荨岭口附近一看，这里山势险峻，凿通荨岭口工程很大。他为了很快开通河道，在凿山时就变成一只巨大的黑熊。这样一来，大禹不论翻山越岭，掘土运石，引水导洪，都非常雄健、有力。

大禹每天忙着开山凿石，没工夫回家。他也顾不上吃饭，就叫妻子涂山氏给他送饭。他为了不让妻子知道自己变熊的事，就跟妻

子约定，只要她听见敲鼓的声音，就去给他送饭。涂山氏知道丈夫辛苦，就按照他的嘱咐办事。每天，当她听到咚咚的鼓声时，就赶快撑着木筏子，把饭给大禹送到开山的工地上去。

这样，夫妻两人虽说都很辛苦、劳累，但心里很快活。有一天，大禹在山坡上行走的时候，一不留心，脚下踩动的几块石头从山上滚下来，刚好掉在鼓面上，发出咚咚的响声。大禹因为忙，走得急，也没在意，只管上山去了。

涂山氏一听到鼓声，心里纳闷：今天丈夫为什么吃饭早了呢？大概是特别累，饿得也快了吧！于是，她就赶快把饭做好，急急忙忙撑着木筏子给大禹送饭去了。谁知道，当她来到山坡前，左等右等，也不见大禹回来，就往山上爬去。

她来到山上向下一看，只见有一头大黑熊，正在山下用力凿石推土，开挖河道。它把头往前面一伸，腰向下一躬，两腿一蹬，伸出两条巨臂，用力朝山岩上一推。"轰隆隆——"一声响，山石塌下了一大片，倒在水里，溅起几丈高的浪花。

大黑熊这才直起腰来，看看新开出来的山口，乐得眉开眼笑。这时，涂山氏一见却大吃一惊，心想：自己的丈夫大禹，怎么是一只大黑熊呀，平时自己为什么没有发现呢？一时间，她不知道怎么办好，就提起饭篮赶快往家跑。

一路上，她又羞又急又气。当她快到家门口时，心里一阵难过，几乎晕倒。她勉强支撑住，往家门口的山坡上一站，就变成了一块石头。

大禹到晌午了，又变成原来的样子。大禹伸展一下胳膊，抖抖身上的灰土，来到大鼓跟前，敲起鼓来。可是，他敲敲，等等；等等，敲敲，好久也不见妻子送饭来。他想，一定是出了事，就赶紧往家走。

大禹回到家里，里里外外找不着妻子的影子，只见家门口的山坡上，多了一块巨大的岩石，旁边还放着一篮子饭。大禹这才明白，原来妻子已经变成岩石了。

　　这时，大禹后悔不该把自己变熊的事瞒着妻子。他又想：妻子已经怀孕很久了。这一来，咋办呢？我没有儿子，谁来跟我继续治水呢？想到这里。他就急匆匆地走到巨石前面，用颤抖的嗓音大声喊道："孩子他娘啊！你就这样离开我了吗？你要把儿子交给我呀！"大禹的声音，在深谷中间回荡着。

　　突然，轰隆一声响，这块巨大的岩石裂开了。从巨石裂开的地方，跳出了他的儿子。大禹一见急忙亲切地把儿子抱了起来。后来，这孩子长大了，大禹就给他起个名字叫"启"。

　　许多年以后，大禹终于凿通了鄩岭口，颍河两岸的洪水就顺着洛河流到黄河里去了。老百姓也开始在这里定居下来，开荒补地，过着安静的日子。

王屋山

　　王屋山位于河南省济源市和山西省垣曲县交界处。我国最早的地理志《禹贡》中，王屋山与昆仑山、泰山等并称九州名山。

　　王屋山风景名胜区内峰峦叠翠，气壮势雄；宫观林立，人文荟萃；泉瀑争流，树古石奇。誉满中外的《愚公移山》故事就发生在这里。它在汉魏时被列为道教十大洞天之首，为"天下第一洞天"。风景区总面积265平方千米，分7个景区，125个景点。主峰天坛山海拔1715米，是中华民族祖先轩辕黄帝设坛祭天之所，世称"太行之脊"、"擎天地柱"。

阳台宫在王屋山脚下愚公村的西侧，是王屋山旅游线路的起点。现存的建筑是自南而北，依山就势，由低到高，错落有致。阳台宫现存的主体建筑三清殿和玉皇阁为明正德年间重修。最为游人瞩目的是三重檐阁式建筑玉皇阁，凌空欲飞的飘逸之势，令人们叹为观止。主体建筑上的几十对石刻柱子，使这座宗教圣地成为石刻艺术的殿堂；柱子上刻有翻滚的云龙、朝凤的百鸟、闹梅的喜鹊、牧羊的苏武、过海的八仙、战蚩尤的黄帝等，无一不栩栩如生，呼之欲出。

有着2000多年历史的银杏树，郁郁葱葱，被称为"世界植物活化石"，它为西汉时期所植。树高457米，树围945米，被当地人称作"七搂八拐棍"。千百年来，这棵树吸日月之精华，蕴王屋山之灵气，自古而今，善男信女对它顶礼膜拜，视为神灵，它的果实和叶子都是很好的中药材，果实大补、银杏叶制成的银杏茶对治疗高血压、冠心病、头晕目眩都有很好的疗效。树下有长年涓涓细流的"不老泉"，久旱不竭，清凉宜人……森林覆盖率98%以上，珍稀动物繁多，具有很高的观赏和研究价值。春天山花烂漫，夏日群山叠翠，秋来万山红遍，冬到银装素裹，是一处有万年文化积淀、千年道教文化传统的融人文、自然于一体的品位极高的山岳风景名胜区。

🦋 祈天战蚩尤的传说

王屋山主峰天坛山海拔1700余米，高插云汉。相传上古时代轩辕黄帝曾在此设坛祭天，天坛山因此而得名。

一天夜晚，中原各部落的酋长齐集王屋山下，召开部落联盟会议推举首领。他们一致推轩辕氏的一位青年当首领，因为他既是狩猎能人，又是种田巧手，还为人正直，办事热心。大家尊称他为"轩辕黄帝"，黄帝即位十五年，亲自率民耕种，妻子嫘祖教民栽桑养蚕。天下百姓吃穿不愁，安居乐业。可是蚩尤的侵扰却闹得百姓不得安宁。

蚩尤是东方有黎氏的首领。他有兄弟八十一个，个个兽面人身，面目狰狞，力大无穷。蚩尤更为凶恶，头像巴斗，眼如铜铃，两颗獠牙裸露在外。他手操两条黑蛇，吞沙吐雾，过处黑烟滚滚，遮天蔽目；又能驱使毒蛇猛兽，使动狂风暴雨。中原人的熟食菜肴使茹毛饮血的蚩尤兄弟嘴馋，布帛衣冠又让佩树叶裹兽皮的他们眼馋，于是蚩尤便同八十一兄弟带领三万獠丁杀奔中原而来。黄帝率众御敌，经大小七十二战，虽然打破了蚩尤侵占中原掠夺财物的计划，但中原的损失也相当惨重：许多家园被毁，加上连年征战，误了农时，将出现全国性的饥饿。黄帝十九年秋天，黄帝集结了全部兵力，在黄河北岸和蚩尤决战，本想擒斩蚩尤，毕其功于一役，不料蚩尤此刻摆下"迷雾阵"，放出弥天黑雾，仓皇向北逃去。黄帝知道就此收兵，不久蚩尤还会卷土重来，于是决定祭告上苍，祈求彻底打败蚩尤的良策。

黄帝二十年春，他来到王屋山，选出一座最高峰，峰顶修筑坛场，设置乌牛白马，祭告昊天玉帝。山半腰住的一个人也自动跪来帮助拈香。那人见黄帝手胼足胝，面目黧黑，面容憔悴，一脸蓬蓬乱须，不禁深深感叹道："老人家，你连年辛苦征战，至诚定能感动上苍，赐你破敌良策。"然后又指着坛南不远处继续说："我就住在那里，人称广成子。草庵后面有清泉一泓，祭天完毕，请老人家去洗一洗，以解积年疲劳。"黄帝摸着脸上的蓬蓬乱须感慨万分地说："不要称我'老人家'了，我今年才四十四岁，年轻人，看起来我不比你大了许多呢？"广成子失笑起来："山人痴长一千四百四十四岁。"说完飘然而去。

玉帝受了黄帝的香火，敕令王母降临王屋山。王母又召来东海

103

青童君和九天玄女，让他们帮助黄帝破蚩尤。青童君赐给黄帝"蓬蓬万年柏"一枝，"赢州千叶芸香"三株；九天玄女赐给他《阴符》三卷，并教他制作了"指南车"；王母赐给他"混元散雨定风剑"一把。

黄帝二十年夏天，和蚩尤大战于河北涿鹿。蚩尤依然摆了"迷雾阵"，驱赶毒蛇猛兽，暴雨开路，狂风后合，率獠丁气势汹汹杀来。黄帝用混元剑一指，雨散风停，但仍是黑雾漫漫。他忙用指南车定方位，依照《阴符》所载的战阵方法，率领兵丁奋勇闯入敌阵。因为黄帝兵丁口里含着柏叶，身上佩着芸香，毒雾不能侵身，毒蛇猛兽远避，所以越战越勇。蚩尤的獠丁们眼看抵敌不住，一哄而散。蚩尤及八十一个兄弟被黄帝一个个斩杀阵前。那八十多股黑血变成了一条黑水河，汩汩向东流去。

黄帝既斩蚩尤，四海晏然。这时，他感到自己已经心力交瘁，再无力为国事操劳，几次让位，万民拥戴不放他走。黄帝二十五年，他悄然带着妻子嫘祖进了王屋山，在天坛山南找到了广成子的茅庵（后人把这里叫"上访院"，意思是皇上访仙处）。他到庵石一浴，果然神清气爽，年轻了许多，于是他就跟广成子学道五十年，恰值百岁，终成真仙，乘龙飞上了天界。嫘祖因为教百姓养蚕忙碌而没有学道。黄帝撇下她飞升，她依然专心教民养蚕。她的精诚感动了玉帝，封她为蚕神，所以嫘祖庙里不塑黄帝的神像。

鸡公山

位于河南省南部的鸡公山，是大别山的支脉，主峰海拔 784 米，名鸡公头，又名报晓峰。主峰两侧的灵华山和长岭，宛如雄鸡的两翼。峰之左右两沟酷似鸡爪，南岗为鸡腹。整个山体犹如一只引颈高啼的雄鸡，形态逼真，栩栩如生，故名"鸡公山"。

鸡公山早在1400年前的北魏时期就有文字记载。明清以来，更有许多名人骚客来山观赏，留下了大量的赞美诗篇。在20世纪初，鸡公山先后有24个国家的近千名外交官和传教士以及国内的军阀巨贾，曾来此兴建了300幢风韵殊异的度假别墅和园林。这些多民族、多国别的建筑群落，依山作势，交相辉映，当时有"万国建筑博览会"之称。其"环境优美、格调高雅、欧美风情、名流汇聚"的历史风采，在全国山岳型风景区中是数一数二的。

鸡公山还是南亚热带与北暖温带的过渡地带，南北植物均可在这里安家落户，植被覆盖率高达87%。有各类植物2000多种，其中仅中草药就占600多种，被称为"天然植物园"，和"天然中草药园"。

"佛光"、"云海"、"雾凇"、"雨凇"、"霞光"、"异国花草"、"无日不风"、"青分楚豫"被称为鸡公山的八大自然景观，素以"山明水秀、泉清林翠、气候凉爽、风景幽奇、别有天地"而驰名。鸡公山海拔不高，但位置独特，有高山气候，却无高山反应，特别适宜疗养避暑。它是由奇峰怪石、泉溪瀑布、珍花异草、山村田园和风韵殊异的楼台亭榭等诸多因素构成的自然风景区。站在报晓峰上极目远眺，云雾笼罩，峰云相接，好似腾云驾雾；期待一轮红日喷涌而出，体会大地一片金黄的壮美；看飞瀑腾空而起，尽享大珠小珠落玉盘的美妙意境；掬一缕甘泉，沁人心脾。

历史上，鸡公山与庐山、北戴河、莫干山合称中国四大避暑胜地。这里盛夏无暑，气候凉爽，夏季平均气温24℃，"午前如春，午后如秋，夜如初冬"，享有"三伏炎蒸人欲死，清凉到此顿疑仙"

的美传。不仅如此，由于地质构造运动，形成了鸡公山千姿百态的奇峰怪石，大者嶙峋耸峙，小者造化精灵。皆具怪、巧、奇、美的特点。鸡公山旅游度假四季皆宜：春天莺飞草长，幽兰飘香；夏季云雾缭绕，沁凉如水；入秋红叶满山，万木霜天；冬来瑞雪飘飞，冰清玉洁。

报晓峰

报晓峰是鸡公山的主景之一，因为酷似一只引颈啼鸣的雄鸡而得名，海拔784米。登上峰顶，全山风貌一览无余，而且凉风阵阵，特别清爽，所以报晓峰的山脚下题有一首"慢上鸡公山，快登报晓峰，这边风景好，暑夏有秋风"的诗。鸡公山就是因为这座山峰而得名的，而报晓峰就是鸡公山的象征，所以就像人们常说"不到长城非好汉"一样，若到了鸡公山而不登报晓峰，那可就是一大遗憾了。半山腰的一石刻"天下第一鸡"，是云南江川李金碧所题。

鸡公山传说

据传，信阳毛尖开始种在鸡公山上，叫"口唇茶"。这种茶沏上开水后，从升起的雾气中会出现九个仙女，一个接一个飘飘飞去；品尝起来，满口清香，浑身舒畅，能够医治疾病。这口唇茶原是九天仙女种的，她们怎么会来到人间种茶呢？这事还得从鸡公山谈起。

先前，鸡公山没有名字。有一年，山上害虫成灾，不知从哪里飞来一只神鸡，把害虫叼了个一干二净，住了下来。它天天报晓，啼叫一声响遍天下，因此人们就给这座山起名鸡公山。从此，各种害虫再也不敢在这里逞凶了，鸡公山上从此草绿树旺，鸟语花香，成了人间仙境。

瑶池的仙女们听说人间的鸡公山胜过仙宫的百花园，都想一饱眼福，便向王母娘娘提出请求。王母娘娘也是个爱游山玩水的人，理解宫女们的心情，答应分批让她们下凡，一批限定三日。但有一条，一旦有人下去后产生邪念，与凡人婚配，除了惩罚本人，这轮流下凡的事也立即停止。仙女们都想下去看看，怕轮不到头上，她们向王母娘娘保证严守法规。王母娘娘爱喝茶，对司管仙茶园的九个仙女另眼看待，让她们首批离开了瑶池。

九个仙女来到鸡公山，拜见鸡公后便住下了。天上一日，人间一年，王母娘娘限他们三日就是人间三年。众仙女把鸡公山的怪石奇峰、山泉瀑布、名茶异草的春夏秋冬四时景色都看遍了，离回去的期限还有两年呢。她们商量要办件好事，给鸡公山留下纪念。办什么好事呢？为首的大姐说："鸡公山应有的都有了，唯有一点不足。"众姐妹齐问："哪一点？"大姐又说："我倒有个想法，咱九姐妹化作九只画眉鸟，回到咱那仙茶园里衔来茶籽，不就补上了这个不足吗？不知众位姐妹愿不愿出这把力？"众仙女一听无不叫好。她们又问，衔来茶籽不难，交给谁种呢？大姐手往山脚下一指，大家看见一片竹林里有几间茅屋，心里都明白了。

那间茅屋里住着一个年轻人叫吴大贵，是个读过书的人。只因爹妈先后去世，剩他独自一人。他白天种地砍柴，晚上还要温习功课，准备科场应试。屋里墙上贴了张白纸，上边写着"寂寞独有，清贫无双"。这天夜里，他做了个梦，梦见一个仙女从鸡公山上下来对他说："鸡公山水足土肥，气候适宜种茶。从明天开始，有九只画眉鸟从仙茶园里给你衔来茶籽。你在门口的一棵大竹子上系个篮子，把茶籽收下，开春种到坡上。到采茶炒茶的时候，我和姐妹们来给你帮忙。"吴大贵醒来心里好喜：哎呀，我吴大贵勤奋读书感动了神仙啊！可种茶能给我带来多大好处呢？别急别急，有道是天机不可泄露，内中定有一番用意，叫种就种吧。

第二天一大早，吴大贵起床，半信半疑地拿个篮子，系到门口那棵大竹上。系好，他扭头刚要回屋，只见一只画眉鸟箭一般飞来，

把嘴里衔的东西往篮子里一放，又飞走了。吴大贵很惊奇，取下篮子一看，果然是一颗种子，虽没见过，他相信就是梦中所说的茶籽。接着，一只只画眉鸟穿梭般地飞来飞去。九只画眉鸟各衔来一颗种子后，稍停一会儿，又是一轮。如此衔了三天三夜，共衔来茶籽九千九百九十九颗。吴大贵很高兴，小心地把茶籽收藏起来。

第二年一开春，吴大贵把九千九百九十九颗茶籽全种到山上。清明过后茶籽发芽，见风就长，几天就长成了茶林。这时仙女又给吴大贵托梦，让他准备炒茶的大锅。

吴大贵准备停当，来到茶林一看，又惊又喜。只见九个仙女正在采茶，个个柳眉杏眼，面如桃花，不胖不瘦，不高不矮。她们采茶不用手，而是用口唇，看那红艳艳的小口唇一张一合，又轻又快，采下了一个个油嫩的茶尖。前边刚采过，后边又长了出来。采了一会儿，九个仙女甩开衣袖，一边舞，一边唱起了《茶歌》。只见她们一句一句地唱道："茶树本是仙宫栽，姐妹衔籽人间来。头采（苲）采完二采旺，早采是宝晚是柴。春茶苦来夏茶涩，秋茶好喝不能摘。细紧光直多白毫，又提精神又消灾。千家万户笑颜开！"

歌罢舞毕，为首的大姐走到吴大贵跟前说："这位大哥，我们姐妹采的不少啦。我给你烧火，咱去炒吧！"吴大贵笑着去了。可他不知道怎么炒。大姐到竹林砍一把竹子扎成扫帚，让他在锅里不停地搅动。吴大贵只觉得茶香扑鼻，快把他熏醉了。现在茶乡炒茶还是女的烧火，男的掌锅；采茶的也是女的，边采边唱。这都是那时传下来的习惯。

就这样，她们采着炒着，一直忙到谷雨。仙女们走后，吴大贵沏上一杯新茶品尝。开水一倒，只见慢慢升起的雾气里现出九个仙女，一个接一个地飘飘飞去。吴大贵端起茶杯一尝，满口清香，浑身舒畅，精神焕发。这样好的茶，起个什么名呢？吴大贵想：茶籽是画眉鸟用嘴衔来的，茶是仙女用口唇采的，就叫"口唇茶"吧。

消息一传开，义阳知州听说了，马上派人来要茶。拿回去泡上一看，搭口一尝，他拍案叫绝。当即定为贡品，要孝敬皇上。那时是大唐的江山，当朝皇上就是唐玄宗。知州把口唇茶亲自送到朝里，又禀明了它的来历，玄宗大喜。朝中第二个喝到口唇茶的是皇上最宠爱的妃子杨贵妃。她当时精神不爽，一杯口唇茶喝下去，病体痊愈，唐玄宗高兴了，对口唇茶大加赞赏，传下圣旨：一要在鸡公山上修千佛塔一座，感谢神灵；二规定"口唇茶"年年进到朝廷，民间不得饮用；三是赐吴大贵黄金千两，要他用心护理茶林；四是给义阳知州升宫加俸。

吴大贵这一下子发大财了，又是买田地，又是建宅院，成了鸡公山的首富。地方上的大小官史谁敢小看？这一来他腰杆硬了，便欺邻害户，压榨百姓。吴大贵没成亲，不少喜欢攀高结贵的人都去说媒，快把门槛给踢折了。但不论是大家闺秀，还是名门千金，他一个也看不上眼。因为她们和那九个仙女相比都差得太远了。这时候，他再也读不进去书了，赶考的事早丢到脑后。吴大贵想：仙女们托梦叫我种茶，准是让我先发了财，然后再和我成亲。现在我金钱有了，只等明年采茶时，九个仙女一来，就都是我的啦。牛郎也不过配个织女，我吴大贵要独占九个仙女，这真是天意呀天意！

第二年清明前，吴大贵把九个新娘的洞房和成亲的一应事物早筹备好了。过了清明，他天天到茶林等候。茶叶该采那天，仙女们准时来了。吴大贵上前打躬作揖道："九位姐妹，你们劳神出力让我发财，我知道大家的美意。今后这茶不劳姐妹们采了，我已雇了人，让他们干吧。诸位也该跟我享福了。我把婚礼都准备好啦，咱们下山拜堂成亲吧。"九个仙女自从离开瑶池，哪敢忘了王母娘娘的法规？不论哪个纵有思凡之意，为了不坏姐妹们轮流下来观看的机会，

名·山·篇

109

也不愿意在这时候私配情郎。她们没想到一年前还在发奋读书的吴大贵，有了金钱便丧志贪色，变得这样快。姐妹们又羞又恼，转身去找鸡公去了。

鸡公听仙女们说后大怒："当年我到此山，就是为了消灭害虫，想不到又出一条！"鸡公翅膀一闪，飞下了山头。它飞到吴大贵的院子上空，振翅一扇，下面成了火海。鸡公又飞茶林，伸出巨爪一扒，挖出三条深沟，九千九百九十九棵茶树毁掉了九千九百九十七棵。剩下两棵留个种子，现在还在深沟上边的悬崖上长着。

这时候，唐玄宗敕建的千佛塔上的千块神浮雕已由监工从长安送到离鸡公山不远的车云山下。监工得知吴大贵死于火海，"口唇茶"茶林被毁，也不去鸡公山了，把千块浮雕放在车云山下，回京交旨去了。后来，车云山栽上"口唇茶"茶籽，长得特别好，又代替吴大贵的"口唇茶"年年进贡，成了唐朝有名的"义阳土贡茶"。后人就把千佛塔建在了车云山上，现在还保存着。"口唇茶"再也没有了，只留下这个故事，传为美谈。

九宫山

游·遍·名·山·大·川

YOU BIAN MING SHAN DA CHUAN

九宫山位于湖北省通山县境内。相传后晋安王兄弟9人造9座宫殿于此，故而得名。南宋名道张道清入山开辟道场，建九座辉煌壮丽的宫观，遂成为道教圣地。九宫山有"青松迎客"、"云湖夕照"、"陶姚古洞"、"泉崖喷雪"、"云关石刻"、"虎伏天门"、"真君石殿"、"云海波涛"八景。

九宫山面积210平方千米，雄奇险峻，景色迷人。春可赏花，夏好避暑，秋看红叶，冬览雪景，既有南国山峰的俊秀，又兼北国风光之壮美，是华中地区闻名的避暑游览胜地。九宫山主峰海拔1656米，盛夏季节日平均气温21℃左右，最高气温不超过30℃。夏天一日三季：午前如春、午后似秋、晚如初冬，素有"天下第一爽"之称。山上海拔1230米的云中湖为我国最具特色的高山湖泊。全国落差最大的大崖头瀑布（落差420米）也在此山。不仅如此，还有面积6万多亩、分布近千种名贵动植物、近百种珍稀濒危物种、拥有大面积原始森林和第四纪冰川遗迹的省级森林保护区——九宫山森林公园。

九宫山历史悠久，人文景观丰富，明末农民起义领袖李自成殉难后葬于此处，建有"闯王陵"。附近还有落印荡、激战坡等遗址及九王庙、真牧堂、石城门、一天门等古迹和大量出自名家之手的摩崖题刻。

主峰老鸦尖海拔1656米，被称之为鄂南第一峰。这里春天林木滴翠，繁花以锦；炎夏，清风徐徐，凉爽宜人；秋季，红枫耀脑，山清水秀；深冬，银装玉树，似北国风韵。相传南宋淳熙十四年（1187年），湖广著名道士张道清寻山传道选中此地。自此，来自湖广、江西和河南的香客长年络绎不绝，九宫山是成天香火缭绕，给这座名山涂上了神幻的色彩。铜鼓包也叫铜鼓峰，距云中湖4.7千米，海拔1546米，峰顶极像一只巨大的圆鼓，故名铜鼓包。它与三峰尖、龙瑞山、老鸦尖四峰并列在同一条中轴线上，都在海拔1500公尺以上，形成幕阜山脉段的高耸奇峰，都为冰川角峰。

🌸 风车口

风车口也叫"大风口"，位于铜鼓包之西，距云中湖7.7千米，海拔1400米，九宫山至森林公园公路横跨风车口。大风车口宽约2000米；小风车口宽约30米，风更大。由于东西两面断崖耸立，形

成剪刀叉形状的谷口，大陆南北气流为高山所阻，交汇于此山峰岔口，因而一年四季，天天都是疾风呼啸。游人在此，常常难以站立，总觉得好像有一百台电风扇在对着齐吹，日夜流云过风，如同新疆昆仑山有名的大风口——阿里拉山口。这里南边视野极为开阔，可远眺赣中；遥望华夏南天，赣北群山，犹似大海波涛在你脚下奔腾起伏。风车口顶部为30米宽的山脊，北边下方是十几里长的幽谷石垅沟，南坡下为石船，是神话传说中的水将军与逆龙大战之地，至今有一巨大的山峰如船，为水将军所斩，那只逆龙要"把江西造成海，湖广立洲城"，最后被水将军降伏。

雪海翠园

　　风车口旁边的山坡峰谷，都堆积着雪白的沙子，夏日游人到此，会惊得目瞪口呆，以为是下了厚厚的"六月雪"。若有云雾弥漫，就像到了海滨，这片雪海里，长着许多低矮的青松。远望江西，修水白沙山如同雪龙飞舞。由于风车口风大之故，这里的植物甸化，满山青松像一朵朵翠花，开放在茫茫雪地上，好像永远都长不大。这些大自然的小盆景，点缀得那么优美，把这里扮成一个别具一格的盆景园。白沙在碧翠的青松掩映下，显得更加雪白；青松在白沙的衬托下，显得更为翠绿。雪海涌翠，白浪扬波，好一片天下难觅的雪海翠园！

白鹤衔书的传说

　　九宫山下，闯王墓东边，有座小山包，远看就像是半轮圆月冒出山顶，因此得名小月山。这里有一段神奇的故事。

　　古时候，有一户穷人，兄弟两个都是樵夫。哥哥叫文殊，弟弟叫普贤，家中有位六七十岁的老娘。这兄弟俩待娘十分孝敬，见娘年老体衰，从不让娘动手做饭洗衣浆裳。他俩每次上山砍柴都要背着亲娘，先找块舒适的地方让娘坐着，然后在附近砍柴，陪伴着娘，免得她老人家在家寂寞。年复一年，月复一月，一直如此。后来，这事感动了天帝。天帝差神仙下凡，把文殊、普贤引到九宫山，让他俩修炼成仙。

他俩上了九宫山后，就住在一个山洞里面。这洞里原来住着一只白鹤，因此叫做白鹤洞。白鹤就跟文殊、普贤做了童子。一日三，三日九，眼看他们修炼到家，就要升天成仙了。一天，他俩命白鹤童子先衔着经书向西天飞去。

不料，这事被山上修炼的哼哈兄弟知道了。这哼哈两兄弟从不用心修炼，平日就爱玩刀弄枪，连栖身之地都是用的陶姚二仙当年得道升天的现成的陶姚洞。哼哈兄弟心想：我们修炼多年，至今还不能成仙，文殊、普贤文不能文，武不能武，都得道了，可见是天帝偏心。越想心里越有气，他俩竟咬牙切齿恨起了文殊、普贤。他们的鹭鸶童子，也在一旁羡慕起白鹤来。哼哈二人眼珠一转，打了一个鬼主意：叫鹭鸶童子去拦路阻劫白鹤童子。

鹭鸶打探得知白鹤要经过小月山，就预先来到这里，躲进树林，壮起胆子，拉开弓弩，单等白鹤飞来。

白鹤口衔经书刚飞不远，只觉得翅膀上被什么东西咬了一口，疼痛难忍，仔细一看，原来是挨了鹭鸶的冷箭。它不由失声"啊"了一声。这一下可就坏了，口里衔的经书掉到小月山上了。经书一沾俗地，立刻变成了一大坪石头，这就是小月山上的"千卷书"。白鹤一看：糟了！失掉经书，师父是进不了天门的。它急得哭了起来，一阵昏厥一头栽落在小月山上。鹭鸶见大功告成，高兴得一拍翅膀，飞回了九宫山顶。

再说文殊、普贤收拾完毕，封闭了白鹤洞，踏上云头，直奔西天去了。文殊、普贤来到南天门，不见白鹤童子，心里纳闷。他俩回头一看，见心爱的白鹤正在小月山上痛苦挣扎，不由落下了眼泪。

天帝知道后，派千里眼、顺风耳探明情况，破例让文殊、普贤进了天门，随手又丢下一个金圈。金圈落地后，变成了一个大石圈。白鹤用嘴拔出利箭，住进石圈洞里，吸取日月精华，歇息养伤。不几天，伤口愈合就展翅飞天了。

后来哼哈兄弟也上了天。天帝就罚他俩守门，最终只做了两员小小武将。

至今，石圈洞还在。每当月亮和太阳从东方升起，光华总是先透过这石圈洞，再直射高湖风车口。因此，人们又称小月山为月圈山、月仙山，也有叫它小月仙山的。白鹤童子最后是站在千卷书上飞腾上天的，人们又称那里为仙人台，或叫"白鹤衔书"。

大洪山

大洪山地处湖北省北部山地，距随州市65千米，面积约330平方千米。其主峰海拔1055米，素有"楚北第一峰"的盛誉。

大洪山山体由西向东蜿蜒而行，地跨随州、宜城、枣阳、钟祥、京山5市县。大洪山山势雄伟，峰峦叠翠，森林葱郁，古木苍润。山上有成片的楠木、千年银杏、香果树、灯台树等数十种名贵树木，使大洪山有"苍松翠柏生长地"之称。

大洪山属石灰岩地貌，溶洞众多，有"群洞奇异冠天下"的美誉。主要有黄仙洞、仙人洞、双门洞、黄岩洞、二王洞、娥皇洞等，洞廊高大奇特，雄伟壮观，钟乳悬挂，千姿百态。黄仙洞长2200米，洞中有洞，河、山、谷使游人进洞如入迷宫。其中，"海子地形"是我国天然溶洞中面积最大者，也为世界所少见。双门洞中的

"莲花宝塔"高达 30 米，要十个人连手合抱，塔景纷呈，堪称"天下奇观"。

史料记载，大洪山有名泉 72 处，以海拔 850 米的"鄂中瑶池"——白龙池最为著名，另外还有黄龙池、琵琶湖、新阳温泉、珍珠泉、智慧泉和万寿泉等。

大洪山历史悠久，文化灿烂，曾是湖北佛教圣地之一。景区内有号称"云中古刹"的洪山寺（又名灵峰寺）、屈家岭、"冷坡垭"新石器时代文化遗址、绿林军起义的古战场遗址、随州战国曾侯乙墓编钟、明嘉靖皇帝之父陵墓——明显陵以及第二次国内革命战争旧址等大量文物古迹。

白龙池

白龙池古称南池，位于宝珠峰、斋公岩、唤狗山三峰之间，海拔 840 米，湖面 20700 平方米，水深 3 米，水质优良，终年不涸，为富水源流。过去这里曾立有一碑，上面刻有"苍松翠柏长生地，绿水青山古洞天"，横额为"保祐一方"。

民间传说池中有条白龙已修炼成仙。善易和尚在洪山顶要建 99 间殿宇，需要大量杉树，人们四处砍伐也难凑够数。白龙变成一青年上山看到这般情景，晚上托梦给善庆和尚，叫他明天在池中取木。善庆早上起来远眺白龙池，果然有一根根杉木从池中升起，他立即令民工去抬。由于木匠算错了账，还有一根留在池中没要。等他想要时，池中那根再也拔不出来了。故有此池"东连大海水，西通嘉陵江"之说。据说在大雾及阴雨天，还能看到池中有根杉木的影子。其实，现在倒影在池中的杉木不是一根，而是一排排、一行行、密密匝匝。

这里地形开阔，植被繁茂，群山环抱，真有"闲上山来看野水，忽于水底见青山"的意境。风平浪静时，朵朵白云悄悄来这里窥视

名·山·篇

自己的容貌。有风飒然而至时，湖面碧波皴皴（cūn cūn），银波细细，水中倒影的山林和岸边摇摇曳曳的芦苇起舞。夏日戛然的鸟声，喙喙（huì huì）的蝉鸣为之伴唱，幽邃的穹谷一下子活跃起来，给人带来一种优雅素静而又饱含勃勃生机之感。

🌸 洪山寺

洪山寺位于随县长岗镇绿水村境内。洪山寺分上下两院，上院位于宝珠峰顶，史称"幽济寺"、"灵济寺"、"灵峰寺"、"楚天望刹"，始建于唐宝历二年（826年）；下院位于山麓南面，史称"保寿禅院"、"万寿禅院"或"万寿寺"，建于北宋绍圣年间（1094～1097年）。历经战乱毁损，古寺最后一次毁于清末。据《大洪山志》记载，自唐后陆续在大洪山建寺庙26处，一度成为当时湖北境内最大的佛教圣地，其中唯一存留仅灵峰寺（俗称洪山寺）。今山顶残存有清朝湖广兵马道陈维舟题的一幅楹联"汉东地阔无双院，楚北天空第一峰"。在洪山禅寺下院旧址处还竖有宋、元、明、清四朝大块古石碑五块，寺东西侧辟有塔林两处，东塔林还有古塔一座和多座寺僧塔，为湖北省重点文物保护单位。

🌸 大洪山的传说

提起大洪山的来历，还得从很古很古的时候讲起。传说在多少万年前，没有天和地，整个宇宙只是灰蒙蒙的一片。空间的灰和沙杂物混在一起，结成一团团浮尘随风飘荡。这些浮尘你冲我撞，都跟吸铁石一样，由二合一、由三合一、由四合一，长久不断。其中，有一团浮尘越积越大，凝结成一个大土球，越来越大。

一天，不知从什么地方飞来一对凤凰，背上坐了两个仙人，这两个仙人名叫混沌和七巧。他们两人身带二十四件宝贝，靠金针毫光的指引，向东方飞呀飞呀，也不知飞了多少时候，只见脚下一团浮尘，二人便一起落下。谁知这浮尘不牢，一下子将身子陷进尘里。

凤凰慌忙将二人拖出又往东飞，才发现那团好大的大土球，这就是后来的大洪山一带。混沌忙取出金针一试，很是结实，才与七巧放心落下。混沌取出宝贝神铲一戳，土球上出现一处岩洞，他们在岩洞里住下。那时候的大洪山只有一个光溜溜的大土球，土球上什么都没有，两个人在土球上这里走走，那里逛逛。饿了，朝百宝袋里吸口仙气；渴了，取出玉晶瓶抿一下，到也安然自在。

　　提起"玉晶瓶"，确实是件宝贝。有一次，混沌和七巧因喝水不小心，冒了一滴出来，只见"哗"地一下，成了洪水，将整个地球泡了起来。混沌慌了，手拿宝贝"拂尘"一晃，这洪水又一下全被吸进土球内。从那时候开始，不知有多少亿万年了，洪山坪里的水还源源不断。天地形成之后，混沌取出佛铲，在地球上撮了九铲，形成了九个大坑；七巧拿出玉晶瓶倒了一滴在九个大坑里，就形成了后来的五湖四海。还有一滴谁也不敢动，为了凡间的安全，他俩交给后来的观音娘娘保管。她只能用一支柳条经常在玉晶瓶蘸水洒向人间，就是下雨。这滴水已经洒了多少年，今后还要洒多少年谁也说不清。

　　混沌和七巧在土球上传宗接代。人一多生活也没个计划，要住就用神铲在地上一戳就是一处崖洞，取出金针一戳就是个泉眼，一划就是条沟河。这些水源源不断的涌出地面，有的流走，有的漫过了山脊，到处是一片滚滚洪流。后来神农来到这里，将这里称为"太洪昆仑"，他指挥子孙们开山种地，将一些积水开成一道道河沟流走，只剩宝珠峰下的大湖，才改名叫大湖山。慈忍祖师来后见湖中九龙作恶，又一剑劈开剑口，洪水滚滚南流，最后改名叫大洪山。由此可知，自古洪也好，湖也好，大洪山都是以浩水得名。如今大洪山一带的崖洞多，又宽又深，泉眼多，水清切奇，原因就在这里。

武当山

武当山又名太和山、玄岳山，位于湖北省十堰市丹江口市境内。它源于陕西省秦岭，是大巴山脉向东延伸的余脉，景区面积312平方千米。

受历史文化和地理环境的影响，武当山形成了自己独有的四大特色：风光旖旎的自然景观、规模宏大的古建筑群、历史悠久的道教文化和饮誉中外的武当拳术。

景区内山峰林立，古木参天，悬崖、深涧、幽洞、清泉星罗棋布，有3潭、8井、9泉、10池、36岩、72峰等景点。主峰天柱峰即"金顶"，海拔1612米，是武当山的最高峰，山体表面的云母岩在阳光下熠熠生辉。天柱峰犹如一个金雕玉琢的宝柱直插云霄，被誉为"一柱擎天"。72座山峰像一个个虔诚的朝圣者朝向天柱峰，恰似百朵莲花。

武当山古建筑群规模宏大，气势雄伟。据统计，唐至清代共建庙宇500多处，庙房20000余间，明代达到鼎盛，历代皇帝都把武当山道场作为皇室家庙来修建。明永乐年间，大建武当，史有"北建故宫，南建武当"之说，共建成9宫、9观、36庵堂、72岩庙、39桥、12亭等33座道教建筑群，面积达160万平方米。明嘉靖三十一年（1552年）又进行扩建，形成"五里一庵十里宫，丹墙翠瓦望玲珑。楼台隐映金银气，林岫回环画镜中"的建筑奇观，达到"仙山琼阁"的意境。现存较完好的古建筑有129处，庙房1182间，主要包括太和宫、南岩宫、紫霄宫、遇真宫四座宫殿和玉虚宫、五龙宫两座宫殿遗址。它们犹如我国古代建筑成就的展览。

武当山还是我国武术的发祥地，不仅在中国武术界占有泰山北斗的地位，而且在海内外也有巨大影响。

🦋 太和宫

太和宫是道教著名宫观，建于明代永乐十四年（1416 年），当时有殿堂道舍等建筑 510 间。现仅存正殿、朝拜殿、钟鼓楼、铜殿等。正殿额题"大岳太和宫"，殿内仅存真武大帝铜铸像及四大元帅、水火二将、金童玉女等塑像。殿门两侧各置铜碑一座，一是明代嘉靖二十九年（1550 年）敕建苍龙岭雷坛设金像之御碑，一是明代嘉靖三十一年（1552 年）遣工部左侍郎陆述等人致祭碑。殿前是朝拜殿，左右是钟鼓楼，钟楼内悬明代永乐十四年（1416 年）所铸造铜钟一口；殿前一岩，形如宝莲，故名"小莲峰"，上刻"一柱擎天"四字，并嵌有李宗仁游武当山之题诗碑刻，岩顶崇台之上置有铜殿一座，其高 2.9 米，宽 2.7 米，深 2.6 米，铸造于元代大德十一年（1307 年），原在天柱峰巅，明代永乐十四年（1416 年）移置于此，故名"转运殿"、"转展殿"。朝拜殿右下有清代改建的皇经堂。该宫整个建筑处于孤峰峻岭之上，殿宇楼堂依山傍岩，结构精巧，布局巧妙，四周峰峦叠嶂，起伏连绵，烟树云海，气象万千。是武当山著名的道教宫观之一。

🦋 遇真宫

遇真宫位于武当山镇 4 千米处，属武当山九宫之一，海拔 174.7 米，左为望仙台，右为黑虎洞，山水环绕如城，旧名黄土城。此宫周围高山环抱，溪流潺潺，大树参天。明代初期张三丰在此修炼，永乐年间皇帝命令在此地敕建遇真宫，于永乐十五年竣工，共建殿堂、斋房等 97 间。到嘉靖年间，遇真宫已经扩大到 396 间，院落宽敞，环境幽雅静穆。

现存宫墙较为完整，由前至后，有琉璃八字宫门、东西配殿、左右廊庑、斋堂、真仙殿、山门等。院落宽敞，道房幽雅。现存庙房 33 间，建筑面积 1459 平方米，占地面积 56780 平方米。主要建筑有琉璃八字宫门、东西配殿、左右廊庑、真仙殿及道舍等，基本保持原有建筑风貌，遇真宫以奉祀张三丰而著称，其真仙殿中存有张三丰铜铸鎏金像，身着道袍，头戴斗笠，脚穿草鞋，姿态飘逸，颇有仙风道骨，是一件极为珍贵的明代艺术品。

武当拳的传说

中国武林中，可分为两大派别：一叫"外家派"，重形美，发源在少林寺，称为"少林拳"；一叫"内家派"，重内修，发源在武当山，称为"武当拳"。关于武当拳，有个传说。

北宋时，武当山上狮子老虎多，草寇强人也多。道士常常受害，提心吊胆过日子。有个上百岁的老道士，名叫张三丰，很想找一个对付强人、猛兽，防身护庙的办法，好让道士们安心修炼。可是想了很久很久，他也没想出什么门路。

一天，张三丰坐在院里休息，忽见桂花树上闪着两道光圈，一道白，一道花，闪闪烁烁，美极了。细看时，他才发现原来是白蛇和喜鹊在嬉戏撩斗。白蛇缠在树上，头伸出去一大截，摇来摆去，两眼发着亮光，虽然悄无声息，却气势如龙，使人感觉到它有无比的力量。喜鹊站在不远的树枝上，倾着身子，注视那条蛇：想拢去，又不敢去；张嘴要啄，又不敢啄，只是扑棱棱扇动着一双美丽的翅膀，那姿态很像欲飞的凤凰。龙凤相戏，各显奇姿，均逞妙态，静防动，柔制刚，有来有往，变化无穷，到底谁也拿谁没办法。张三丰越看越入迷，忽听白蛇和喜鹊同时叫道："来呀！来呀！"腾空跑远了。

张三丰很奇怪，飞步去追赶，追啊追，赶啊赶，不觉追到深山里，只见山是黄金铸的，树是白玉雕的，河里流着玉液琼浆，山上跑着金牛金马。有一位白发老人正在河边打拳，那白蛇和喜鹊一下子飞到了他的怀里，变成了他黄袍上的锦绣龙凤，原来，他是太乙真人。

太乙真人打拳的姿势，和龙凤相戏和姿势很相像，静如泰山，柔如春柳，但却柔中有刚，静中有动，含而不露，千变万化。张三丰越看越觉得有功夫，有力量，能劈山倒海，擒龙伏虎。

张三丰上前求教，太乙真人很高兴。告诉他说，这种拳，是他八百年前，参照华佗的"五禽戏"创造的，名叫"武当山太乙五行拳"，能防身健身，避除百病，延年增寿，希望张三丰好好学，好好练。

张三丰点头答应，立刻练起拳来，一套又一套，终于学会了。等他醒来时，才发现原来是个梦。

张三丰因梦受拳法，从此便天天教道士学拳，自己也是拳不离手，直练得寒冬不知冷，炎夏不知热，渐渐练得霜发银须变黑，脸上的皱纹没有了，还长出了一口新牙齿，能够驯服狮子、老虎，真的返老还童了。武当山也因此平静下来了。

后来，武当拳越传越远，学的人越来越多，终于成了中国武林中一大派。

岳麓山

岳麓山位于湖南省长沙市湘江西岸。岳麓山风景名胜区自古以来就以山清水秀著称于世，主要是由巍峨的麓山、奇秀的花岭和石

121

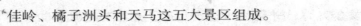

佳岭、橘子洲头和天马这五大景区组成。

禹碑峰、云麓峰、北极峰等山峰秀如明珠，散落在岳麓山的环抱之中，既有大山之险峻，又有名山之深幽。岳麓山气候温和，雨量充沛，土壤丰腴，自然资源十分丰富。云麓峰—白鹤泉—清枫峡一带保存着苍苍莽莽的原生性常绿阔叶次生林，以及皂荚、银杏、白玉兰等珍贵的濒危树种。

"夫山川奇异，与人文互相映发"，岳麓山荟萃了众多的人文景观：历史悠久的佛教名塔——舍利塔，中国四大名亭之一的爱晚亭以及著名的禹王碑、白鹤泉、二南诗刻。宋太祖开宝九年（976年），潭州太守朱洞创建了全国四大书院之一的岳麓书院。从此，岳麓山成为儒家名胜而名扬天下，被称为"潇湘洙泗"、"道南正脉"。

名山多佛道，岳麓山与佛教文化在一千多年前就结下了不解之缘，西晋泰始四年（268年）创建的麓山寺被誉为是"汉魏最初名胜，湖湘第一道场"。道教则早在西晋以前，便有道士在此修炼，并在云麓峰建立云麓宫，被列为道教的第二十三洞真虚福地。

岳麓山也是爱国主义和革命传统教育的好课堂：这里长眠了辛亥革命时期为推翻帝制，实现共和而献身的先烈和为舍生取义而慷慨赴死的志士仁人；还长眠了抗日战争时期为抵御外侮而浴血疆场，以身殉国的中国军民。那一座座为他们树立的丰碑墓志，永远昭示和激励着中华民族的子子孙孙，构成了岳麓山的一幅幅悲壮肃穆的人文景观。

岳麓山在中国近代史上也有很重要地位，如黄兴、蔡锷、陈天华等都长眠于此，印证了"青山有幸埋忠骨"的诗句。作为现代革命的圣地，岳麓山还有许多重要的历史遗址，如新民学会旧址、橘子洲头等。

岳麓山景区

岳麓山景区系核心景区，景区内有岳麓书院、爱晚亭、麓山寺、云麓宫、新民主学会景点等，总面积达 36 平方千米。岳麓山风景名胜区南接衡岳，北望洞庭，西临茫茫原野，东瞰滔滔湘流，玉屏、天马、凤凰、橘洲横秀于前；桃花、绿蛾竟翠于后；金盆、金牛、云母、圭峰拱持左右；静如龙蛇逶迤，动如骏马奋蹄，凌空俯视如一微缩盆景，侧视远观如一天然屏壁。可谓天工造物，人间奇景，长沙之大观。

岳麓书院始建于北宋开宝九年（976 年），历经宋、元、明、清各个朝代，迨及晚清（1903 年）改为湖南高等学堂，至今仍为湖南大学下属的办学机构，历史已逾千年，是世所罕见的"千年学府"。书院占地面积 21000 平方米，主体建筑有头门、二门、讲堂、半学斋、教学斋、百泉轩、御书楼、湘水校经堂、文庙等，并先后恢复重建设了延宾馆、文昌阁、崇圣祠、明伦堂及包括供祀孔子、周濂溪、二程、朱熹、张栻、王船山、罗典等的六大专祠建筑原貌，清代书院中的园林和书院八景也全部得到恢复。岳麓书院为中国现存规模最大、保存最完好的书院建筑群。

爱晚亭坐西向东，三面环山。始建于清乾隆五十七年（1792年），为岳麓书院院长罗典创建，原名红叶亭，后由湖广总督毕沅（yuán），根据唐代诗人杜牧"远上寒山石径斜，白云生处有人家。停车坐爱枫林晚，霜叶红于二月花"的诗句，改名爱晚亭。又经过同治、光绪、宣统、民国至新中国成立后的多次大修，逐渐形成了今天的格局。今亭与安徽滁县的醉翁亭、杭州西湖的湖心亭、北京陶然亭公园的陶然亭并称中国四大名亭，为省级文物保护单位。

亭形为重檐八柱，琉璃碧瓦，亭角飞翘，自远处观之似凌空欲飞状。内为丹漆圆柱，外檐四石柱为花岗岩，亭中彩绘藻井，东西两面亭楣悬以红底鎏金"爱晚亭"额，是由当时的湖南大学校长李达专函请毛泽东主席所书手迹而制。亭内立碑，上刻毛泽东主席手

书《沁园春·长沙》诗句，笔走龙蛇，雄浑自如，更使古亭流光溢彩。

该亭三面环山，东向开阔，有平纵横十余丈，紫翠菁葱，流泉不断。亭前有池塘，桃柳成行。四周皆枫林，深秋时红叶满山。亭前石柱刻对联："山径晚红舒，五百夭桃新种得；峡云深翠滴，一双驯鹤待笼来"。爱晚亭在我国亭台建筑中，影响甚大，堪称亭台之中的经典建筑。

🌼橘子洲头景区

橘子洲是湘江的一个江心小岛，长约5000米，形成于晋惠帝永兴二年（305年），距今已有1600多年的历史。远在唐代，这里就盛产南橘，远销江汉等地。杜甫曾为此写下了"桃源人家易制度，橘洲田土仍膏腴"的诗句。橘洲自古以来便是湖南省著名的旅游胜地。古潇湘八景之一的"江天暮雪"就在这里。

橘子洲是一帧展示风情的画。它以岳麓山为邻，与湘江水作伴，风光美不胜收，形成了"一面青山一面城"的独特景观。它西望层峦耸翠的岳麓山，与岳麓书院、爱晚亭及建设中的岳麓山大学城相邻；东瞰湘江风光带尽览都市繁华。从西向东，山、水、洲、城融为一体，似流动的画，如放大的盆景。游客登洲，听渔舟唱晚，观麓山红枫，看天心飞阁，赏满树橘红，吟先贤辞赋，其乐融融。

橘子洲还是一座承接历史的桥。它浸染着湖湘文化，形成了浓厚的历史底蕴：南面朱熹、张轼、往来于岳麓书院与城南书院讲学过江的朱张渡，诠释着800年前湖湘子弟求学的盛况；水陆寺、拱极楼讲述着元代宗教文化的兴盛；曾国藩操练水上湘军的号声依稀回荡在橘洲上空；饱经风霜的外国领事馆、高级别墅则见证着长沙开埠后的历史；毛泽东站在橘子洲头发出的"问苍茫大地，谁主沉浮？"的天问更改写了中国历史的进程。

飞来石的传说

很多年以前，岳麓山下住着一百多户人家，他们早出晚归，耕种田地，生活过得很幸福。

不久，长沙来了一位姓史的太守。那个时候，无官不贪。这史太守也是个贪官，做官以来，不知吸了多少人民的血汗。他一到长沙，就听说湘江里的水陆洲上有只金鸭婆。为了夺得这无价之宝，史太守亲自到岳麓山下，差人把山下一百多户农民叫拢来，说什么这金鸭婆是国宝，流落在长沙多年，如今，一定要找出来归还朝廷。找不出来就要把农民们充军到边远的地方去。

灾难来到了岳麓山。这一百多户农民在水陆洲上挖呀挖的，谁也没有挖出金鸭婆，他们只有坐在家里等充军了。有一天，忽然来了个满头白发的老人，在街上卖宝物。他说他的宝物能够移山倒海，撒豆成兵，要什么有什么。大家觉得奇怪，便问："你的宝物能不能在水陆洲上找到那只金鸭婆呢？"老人说："能是能，只是要一个勇敢的人跟我去取。"这时，人群中走出一个后生，拍着胸脯说："只要你能找到金鸭婆，救出山下一百多户人家，我愿意跟你去！"老人看了后生一眼，微笑着对他说："很好，你可以跟我去取宝，可是宝物放在一个岩石洞里，路很远，又很难走，保不住会挨饿受冻，也说不定会被豺狼虎豹吃掉。这些，你都不怕吗？"那后生说："不怕！为了救人，我不怕！"老人见他意志坚定，就带着他出发了。

一路上，老人在前面走，后生紧紧跟在后面。老人健步如飞，后生死命地追也追不上。翻山涉水，后生走得上气不接下气，汗珠直淌，他实在累得走不动了，想在路旁休息一下。但一想起岳麓山下的乡亲们都在盼望着他，他又咬紧牙关，追赶上去了，饿了，渴了，也全然不顾。这样，不停息地走了三天三夜。

第四天，面前出现了一座高山，悬崖陡壁，无路可上。老人很

名·山·篇

快上了山顶，后生想尽了办法，好不容易爬到山上。大山走完了，突然面前又出现了一条大河，白浪滔滔，上游的河水直泻下来，这时别说没船，就是有船又有什么用呢？可是老人走到河边，毫不犹豫地跳了下去，在水里还像在平地一样地走着。后生照样走去，走着走着，突然一个深不见底的山谷横在前面，老人一纵身就跳下去了。他感到身体轻飘飘地落到一见软绵绵的东西上，睁眼一看，只见老人在前面奔跑着，自己却坐在一只斑斓猛虎的背上。他跳下来跑，那只猛虎紧跟在后面追着。眼看快被追上了，他将身子往地上一蹲，猛虎从他头上扑了过去，又去追在前面奔跑的老人。老人突然被石头绊倒，猛虎张开血盆大口，要吃老人。后生捡块大石头向猛虎的头上打去，只听见猛虎吼叫一声，震得树上的叶子纷纷落下，后生也被震晕过去。后生醒来发现自己正躺在一块大青石上。那位白发苍苍的老人坐在他身旁，微笑着说："你很勇敢，心地也很善良，我该把宝物送给你了。"说着，就在石洞的壁上取下一把锄头交给后生，并且告诉他说："你要什么东西，只要用锄头挖三下就够了。回去挖到金鸭婆，就用一只木匣子装好，放到云麓峰，要那个史太守亲自去拿。"说完，叫后生闭眼，在自己大腿上拍了两下，后生就腾空飞了起来。一阵阵的风在他的耳朵边呼啸着，过不了多久，他就降落在地上，睁眼一看，正落在岳麓山下。他赶到家里，乡亲们已经等得好着急了。他就带着乡亲们一起，在水陆洲上锄了三下，一只金光闪闪的金鸭婆出现在面前。后生按老人说的做了，然后通知史太守，要他亲自来取金鸭婆。

第二天一早，史太守坐了轿子，领了一班随从来到云麓峰。他命令差役打开木匣子，拿着金鸭婆细细玩赏，随从们也争先恐后地拥上来。正当他们高兴的时候，金鸭婆突然一张口，尾巴一翘，口里喷出一股黑气，云麓峰黑烟弥漫，史太守和随从们吓得慌了手脚，拼命朝外挤，只听见轰的一声，一块屋大的石头，劈头盖脸地压下来，史太守和随从们一个不留地都被压在石头下面了。这时，金鸭婆拍拍翅膀，大叫三声，又回到水陆洲上。从此，山下一百多户农民过着耕种的生活。现在，云麓宫下还可以看见这块巨石。

韶 山

韶山风景名胜区位于湖南省湘潭市，面积约 70 平方千米。相传舜帝曾偕妻臣在山上奏过韶乐，因而得名。在此地诞生养育了一代伟人毛泽东，因而名扬世界。现已开放毛泽东故居景区、韶峰景区、滴水洞景区、清溪景区等 4 大景区 51 个景点。韶山为南岳 72 峰之一，四周群山环绕，峰峦叠翠，林木苍润，气象万千，景色秀丽。

韶山为一代伟人的摇篮，它与井冈山、遵义和延安同被列为中国四大革命纪念地。这里留下了毛泽东青少年时期许许多多求学、生活、劳动以及从事革命活动的遗迹，如有毛泽东少年时代读书的旧址——南岸学堂、1925 年创办的农民夜校和 1927 年考察湘潭农民运动的旧址等。韶山风景名胜区内还有韶峰耸翠、仙女茅庵、石屋清风、陨石成门、胭脂古井、银河渡槽、滴水洞等景观和许多珍贵的林木。

毛泽东故居景区

毛泽东故居景区主要包括毛泽东故居、毛氏宗祠、毛泽东纪念馆及新建的毛泽东铜像、毛泽东诗词碑林、韶山烈士陵园等。

毛泽东故居的东头十三间半瓦房，是毛泽东家的，西头五间半土砖茅房是邻居的。这栋普通农舍曾几经沧桑。它的修缮和扩建凝

结着毛泽东的祖辈、父辈和他们兄弟的心血和汗水。从1878年毛泽东祖父定居时的五间半茅屋，经过前后三代人的艰苦创业，修修补补，其间遭火灾，遇抢劫，1918年才掀茅盖瓦，加修后院，扩建成十三间半瓦房（内含杂屋，其中半间指两家合用的堂屋）。1961年3月，国务院正式公布为全国第一批重点文物保护单位。由邓小平同志亲笔题写了"毛泽东同志故居"七个黑底镏金大字。

毛泽东诗词碑林，位于韶峰半山腰，距毛泽东故居约3千米，1991年动工兴建，1993年正式对外开放，总占地面积约2万平方米，园中由100块汉白玉、大理石、花岗岩等组成，收录了毛泽东的50首诗词，以纪念毛主席诞辰100周年。整个景园按照毛泽东的革命生涯分为5个部分，按照时间顺序分为4个时期：第一区为毛泽东青年时代所写的诗词；第二区为大革命和二次国内革命战争时期；第三区为红军长征，抗日战争及解放战争时期；第四区为新中国建立以后的毛泽东诗词。园中的诗碑，造型各异，变化无穷。即突出古朴、单纯的传统特色，又追求新颖别致、大胆变化，使诗碑与韶峰的自然美景浑然一体，令观者流连忘返。

毛氏宗祠是韶山毛氏家族的总祠堂，始建于1758年，1763年建成。建筑系砖木结构，青砖青瓦，建筑面积约700平方米。宗祠大门天头有毛氏宗祠四字。大门外两边各立一石鼓。祠堂房屋分为三进。第一进为戏楼：楼阁中部为戏台，可容纳数十人登台演庆。楼两侧为化妆室。楼下中部为一小厅。两侧各一厢房，左为庖厨地，右为酒饭舍。第二进为中厅：右廊悬钟，左廊悬鼓，是全族办公、讲约、祭祀和摆酒设宴的地方。第三进是敦本堂：堂中安放历代祖宗神主牌位。堂左为住宿处，堂右为钱谷、祭器等物的收藏处。

毛泽东纪念园位于毛泽东故居西侧约500米的层山叠岭之上，纪念园最初定名为"毛泽东之路景园"。景园的构思显然受到了全国许多大城市"世界之窗"微缩景观的启示，整座景园只用了一年的时间，在 1995 年底，占地约 20 万平方米，大小建筑近百处，集纪念、教育、游览等多种功能于一体的景园便展现于世人面前。韶山毛泽东纪念园最大的特点是将纪念意义寓于复制实物，让人们于游园之中感受历史进程。景园有两大入口，即南门与东门，南门由毛泽东故居前的通道自然延伸，过关公桥，跨韶河，绕韶山嘴，在桥与嘴之间砌有一仿古牌坊，引导游人北去，这非常符合当年毛泽东由南北上的征程。

滴水洞景区

滴水洞是主席别墅，位于韶山冲西边的角落里，与主席故居相距 3 千米。滴水洞天，是韶山风景中一个著名的景点群，由滴水幽壑、虎歇坪、龙头山等自然风光与滴水洞一号等建筑组成。滴水洞长约 2.8 千米，洞内有小溪，曲曲弯弯，幽壑口朝东北而开。小溪沿岸林木繁茂，挺拔的松林中夹杂着茂密的楠竹，而上百种野花漫山遍野地生长着。这里的珍贵林木有银杏、女贞、铁树等 30 多种，这里的花卉有映山红、梅、芙蓉、月季、菊花等上百种，这里的珍贵药材有金银花、甘草、沉香、白果等 20 余种，境幽景优是滴水洞幽壑的一大特点，人在景中如置身仙境。

凤舞韶山的传说

韶山仙女庵后面，有一座飞檐翘角的凤仪亭，凤仪亭虽然构造简单，却用工细腻，美观大方。凤仪亭旁边原来有一棵古老的梧桐树。

相传还是在舜帝南巡的时候，舜帝随从人员奏韶乐九成，音乐召来了凤凰。在山地上，舜帝与人们一起和歌欢舞。在空中，凤凰展开优美的舞姿随人们起舞，百鸟和鸣。

后来，凤凰随着舜帝到了九嶷（yí）山。舜帝在九嶷山升天后，

凤凰又回到了韶山。每当彩霞挂在天边的时候，凤凰就翩翩起舞，鸣歌奏乐，凤音在韶峰的树林间回荡，直飘到远方。韶峰山脚下有一座石桥，百姓在劳动之余，最喜欢到石桥上聆听山间飘来的美妙凤音。

凤凰就栖身在韶峰山腰的一棵梧桐树上，那梧桐树非常繁茂，枝叶散开几丈宽，像一把大绿伞。自从凤凰来到韶峰后，引来了万千飞鸟，也惊动了附近几个山头上的豺狗。

一天晚上，豺狗成群结队地从四面八方进入韶山，向熟睡的鸟群突然袭击，灌木丛中发出了凄惨的鸟鸣。凤凰听到豺狗来犯，急忙叫醒鸟类，与豺狗群进行决斗。凤凰教群鸟专啄豺狗的眼睛、耳朵，拔它们的毛。豺狗见是凤凰领军，就跑到梧桐树下，乱哄哄齐咬梧桐，想叫鸟类无法栖身。梧桐树被咬得一塌糊涂，许多豺狗被啄瞎了眼睛，但仍然龇牙咧嘴不肯后退。群鸟与豺狗斗了七天七夜，双方都有死伤。

有几只白鹤把发生的事，一五一十地告诉了狮子山上的狮神，狮神听说豺狗闹事，马上赶到韶山，站在峰顶大吼一声，震得地动山摇。豺狗最怕狮神，吓得浑身发抖。狮神把大群豺狗赶到了一个山洞，这个山洞后来称豺狗洞。凤凰率领百鸟拜谢狮神相助之恩。这样，鸟兽争斗才平息下来。

经这么一闹，百鸟栖身的梧桐树被毁掉，凤凰也迁居飞走了。

人们日夜思念凤凰，称韶峰山脚下的石桥为"凤音桥"，称传递凤音的大坪乡为凤音乡，在原来的梧桐树旁边，精心修造了一座"凤仪亭"，山北面坡上修有一座"接凤亭"，只是人们再也听不到和悦的凤音了。

衡　山

　　衡山又称南岳，是我国五岳之一，位于湖南省衡阳市南岳区。衡山山势雄伟，绵延几百千米，共有 72 山峰，其中祝融峰为最高峰，海拔 1290 米。由于气候条件较其他四岳为好，处处是茂林修竹，终年翠绿；奇花异草，四时飘香，自然景色十分秀丽，因而又有"南岳独秀"的美称。

　　南岳之秀，在于无山不绿，无山不树。那连绵飘逸的山势和满山茂密的森林，四季常青，就像一个天然的庞大公园。南岳如果只是这些树木呈现的秀色，那还不足以在天下名山中如此令人瞩目。这种秀色只是它的外在之美，而秀中有"绝"，才是它的深远内涵。衡山美景处处，其中祝融峰之高、方广寺之深、藏经殿之秀、水帘洞之奇、禹王城之古、诚心桥之险、龙凤潭之雄、麻姑仙境之幽为南岳"八绝"。

　　衡山古刹如林，佛道共存。南岳最大的寺庙是位于山脚下的南岳庙。南岳庙始建于唐代，现存建筑是清代重修的。它占地面积为7.68 万平方米，规模宏大，布局严谨，包括圣帝殿、寝宫、御书楼、盘龙亭等建筑。另外还有福严寺、南台寺、藏经殿、广济寺等古迹。

　　南岳历史悠久，人文荟萃。历代帝王和文人墨客都来此狩猎、祭祀、寻古探幽、讲学布道，留有许多古迹和大量诗词歌赋、石刻等。因此南岳有了"文明奥区"的盛誉，为中华民族文化艺术的一座宝库。南岳衡山还有许多名胜古迹和神话传说，吸引了历代各种

名·山·篇

人物，形成丰富多彩的文化沉积，宛如一座辽阔的人文与山水文化和谐统一、水乳交融的巨型公园。

祝融峰

祝融峰海拔1300.2米，登衡山必登祝融。唐代文学家韩愈诗云："祝融万丈拔地起，欲见不见轻烟里"。这两句诗既写了祝融峰的高峻、雄伟，又写了衡山烟云的美妙。登临其上，可见北面洞庭湖烟波渺渺，若隐若现；南面群峰罗列，如障如屏；东面湘江逶迤，宛如玉带；西面雪峰山顶，银涛翻腾，万千景象，尽收眼底。

传说祝融峰是祝融游息之地。祝融是神话传说中的火神，自燧人氏发明取火以后，即由祝融保存火种。峰上有祝融殿，原名老圣帝殿，明万历年间（1573～1620年）始建为祠。因山高风大，所以建筑是用坚固的花岗岩砌墙，以铁瓦盖的顶，殿宇凌风傲雪，巍然屹立在绝顶巨石之上。现在的建筑是后来重新修建的，殿后岩石上装有石栏杆，北山风光尽收眼底。在祝融殿的西边，有望月台，是一块高耸的巉（chán）岩，上有石刻，字迹清晰可辨，月明之夜，皓月临空，银光四射，景色格外明丽。游人站在台上，欣赏月色，较在平地上别有一番景象。即使月亮西沉，这里也留有它的余晖。正如明代孙应鳌（áo）的诗所描绘的："人间朗魄已落尽，此地清光犹未低。"幽妙的情景，可以想见了。

方广寺

沿南天门山脊南行，经西岭顺北麓约走5千米，就到了深邃幽雅的方广寺，这里古木森森，银泉淙淙，周围八座山峰如莲花瓣瓣，方广寺就是莲心。该寺始建于南朝梁天监二年（503年），后屡废屡兴，保存至今外貌完好。

方广寺在莲花峰下，寺上500米为狮子山，稍下有两座青山对峙，形成一个狭口，宽仅三四丈，多枫树、杉树，十分茂密。每年

深秋，枫叶火红，杉枝墨绿，置身密林，分外清爽。林中有溪涧，涧水注入深不见底的潭中，声若洪钟，水从潭口溢出，迂回曲折。

顺溪而下，有许多珍稀树木，如横豆杉、银雀、香果树，其中有一株娑罗树，生长在岩上石缝中，已有数百年树龄。距寺 5000 米有黄沙潭、白沙潭、黑沙潭等诸多潭水。黑沙潭潭深不见底，水呈苍黑色，形成高达二丈、宽一丈余的瀑布，深潭石壁上宋徽宗亲笔题词"海南龙湫"四个大字尚存。

摇钱树的传说

到南岳游览的人，都要到祥光峰下藏经殿去看看那棵摇钱树。每逢夏令时节，那金黄色的果实像一串串的古钱挂满枝头，多么逗人喜爱。

长摇钱树的这个地方，在很多年前，是一片古老的森林。这里，住着一个姓钟的樵夫，大家叫他钟老倌，靠砍樵度日，一有空暇，就采些山药帮助附近的穷兄弟治病。不论酷暑严寒，他每天都是摸黑 15 千米挑柴下山去卖，卖完柴又爬 15 千米山路，回到这深山老林。

有一天，他卖柴归来，艰难地踏着百步云梯往家走，实在难以支持了，便坐在路旁的石头上歇脚。想想辛苦的过去，又想想凄凉的晚年，他流着眼泪对天长叹："唉，我怎么过下去啊！""不要着急，我来帮你了结这苦日子吧！"说话的是一位白发童颜的老人。这位老人似乎很了解钟老倌的身世，他从衣袖里拿出一粒金黄色的种子说："回家后把这种子种下，今年可以发苗，明年会长成树，后年就会开花结果。你有了这棵树，就可以幸福地度过晚年了。"他接着又说："在这树发枝长叶的时候，不论天晴落雨都要灌七七四十九天的水，每天要灌七七四十九担，每担水要渗进七七四十九滴汗，在这树开花的第一年，每朵花上要滴上你自己的一滴鲜血。"老人说完

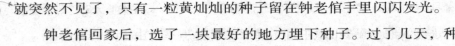

就突然不见了，只有一粒黄灿灿的种子留在钟老倌手里闪闪发光。

钟老倌回家后，选了一块最好的地方埋下种子。过了几天，种子果然发出了芽。从此他每天起来就到苗子边去看，卖柴打转也先要到苗子边转转才进屋吃饭。太阳大了给它遮阴，风雨大了给它搭棚，有害虫伤它就给它捉虫，钟老倌对这棵苗子花的心血真不少。

第二年春天，祝融峰上杜鹃花盛开的时候，这苗子长得比杜鹃花还要高，风刮来杆子不弯，雨打来叶子不落。钟老倌按照老人的嘱咐，每天从山下挑来四十九担水，每担水撒下一大把汗，一共浇了四十九天。

第三年又是祝融峰上杜鹃盛开的时候，这树比杜鹃花高出了几倍，开出了一串串淡黄色的花，花虽然没有杜鹃的那么大，可是它的清香散满了整个山头。钟老倌又把自己的鲜血滴在花上。这到底是棵什么树呢？钟老倌并不知道，但他相信，送他树种的老人不是凡人，这棵树也定不是棵平凡的树。他希望这棵树能给山里的穷苦人造福。

夏天过去了，满树金黄的果子迎风摆动，发出叮当的响声，好像摇动了一串串铜铃。钟老汉顺手摘下一串，壳里滚出几个钱来，都是雪白的银子铸成的。这时钟老倌才恍然大悟，原来是一棵摇钱树。钟老倌把果子摘下来后，细细地盘算着：这家最苦该给他多少，那家最穷该给他多少，一家家算完后，剩下的恰恰可以给自己家买点米。钟老倌怕泄露了秘密招来意外灾祸，就在深夜里背着银钱，悄悄送到各家各户。这些人家得了银钱，都不知道是哪里来的。一年、两年过去了，穷苦人慢慢发觉了这个秘密，钟老倌也只好把实话告诉大家。从此，山里穷苦人都来帮助钟老倌培植这株摇钱树，保护这株摇钱树，大家也更加敬爱这株摇钱树的主人。

自从有了摇钱树，藏经殿的树木一年比一年茂盛，祥光峰上的景色一年比一年秀丽，穷苦人的生活一年比一年幸福。

这事传到城里县太爷那里。县太爷派人在祥光峰周围明察暗访，果然查出了摇钱树的秘密。他坐在太师椅上，眯着三角眼，摸摸八字胡，嘿嘿笑着说："老夫在仕途奔波几十年，今天盼到这个福禄双临的日子了。"他在心里盘算，收下摇钱树的果子后，再把宝树献给皇上，既能发财，又能升官。不久，他派了一队官兵，持刀舞剑，凶神恶煞地来到山神庙前，贴上一张官府衙门的布告，说什么普天之下莫非王土，山中的奇花异树概属官府，任何人不得伐树摘果。

穷苦人知道，这是来掠夺摇钱树了，马上找钟老倌商量对付的办法。钟老倌也正为这事着急。他想，要是一个死东西，就把它藏起来好了，可是，这是一棵撑破天的大活树呀，藏又不好藏，搬又怕搬死，怎么办呢？难呀！他们想呀想呀，总想不出一个好办法来，大家急得不得了！

突然，他们听到鬼喊鬼叫，凶神恶煞的官兵进山来了，一下就把那棵摇钱树围个水泄不通，不准他们拢边。这时，树上那一串串果子已经变成金黄色，迎风摆动，发出了铜铃般的响声。往年，到这时候果子里面就会长钱来，撒出银子来。县官和他的官兵乐翻了，以为有财发了。他们望着摇钱树流口水。但是，等呀等呀，一天过去了，两天过去了，一个月过去了，两个月过去了，花谢了，果掉了，钱呢，一个也没有，银子，一点也不见了，他们扑空了！他们恼羞成怒，砍了摇钱树，还想杀钟老倌。

可是，钟老倌已经远走高飞了。在离开南岳的时候，他送给每户一颗摇钱树的种子。所以摇钱树又在南岳长了出来。后来，南岳人有的到淮南，有的到关外，有的到湖滨，有的到别的深山，他们都把带去的种子，种在各人落户的地方，所以现在很多地方都长出了摇钱树。

崀 山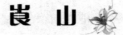

崀山位于湖南省新宁县境内，地处湘桂边境。总面积 108 平方千米，秀美的扶夷江从南向北蜿蜒流淌，纵贯全境。景区融山、水、林、洞、巷、泉、谷为一体，分为八角寨、牛鼻寨、骆驼峰、紫霞峒、扶夷江 5 大部分，拥有各类景点 500 余处。

崀山属中低山丹霞喀斯特混合地貌，地貌类型复杂，地貌构造主要有褶皱、断裂和节理等几种类型，也有典型的岩溶地貌景观，溶洞、地下河、石芽、溶峰等星罗棋布。山、水、林、谷、洞等景观既有多元的景观要素组合，又有奇特单一的象形景观类型，其中"将军石"、"天一巷"、"骆驼峰"、"辣椒峰"、"天生桥"、"鲤鱼闹海"景观被誉为"崀山风景六绝"。

崀山森林覆盖率为 78.1%，植被种类繁多，林木葱茏，有维管束植物 184 科、889 属、2307 种，拥有天然银杉群落、粤松群落、杜鹃花海等大面积原始森林。多种野生动物在这里栖息繁衍，是一座"天然动植物园"。

崀山风景名胜区人文景观丰富，有史前的新石器时代遗址、遗物及历代农民起义的古城堡、古战场等。

八角寨

八角寨又名云台山，主峰海拔 814 米，因主峰有八个翘角而得名，丹霞地貌分布范围 40 多平方千米，其发育丰富程度及品位世界罕见，被有关专家誉为"丹霞之魂"、"品位一流"。其山势融"泰山之雄、华山之陡、峨眉之秀"于一体。景区中的眼睛石完全出自于大自然的鬼斧神工，栩栩如生，形神毕肖，令游者和文人骚客浮想翩翩，遐思泉涌。

从山底仰望八角寨，昂首挺立的山峰分八扇伸向八方，俗称八个龙头。主峰是崀山景区的最高峰，因云涌峰浮而得名云台山。游人登上1708级石阶，便可到达峰顶平台，上面存有建于明代的云台寺遗址。登上不足两平方米的观景台，放目远眺：一边是湖南新宁丹霞群，另一边是广西资源的丹霞山峰群；伸向八方的八个山峰有六个山峰在湖南，两个在广西。长达十余千米幽深莫测的峡谷中，构成一座天然的艺术长廊。大自然的变幻无穷，也带给八角寨不同形态的美。雾海蒙蒙时，浮运缥缈之中，群山逶迤起伏，大小百余拔地而起的赫红色奇峰异石，酷似一群飞腾嬉戏的巨鲸，时而被云雾吞没，时而露出首尾，恰似千万条鲸鱼在海中嬉戏，故此，被专家誉为"丹霞之魂，国家瑰宝"的绝妙美景叫鲸鱼闹海。倘若雨过天晴，万山如洗，青山如黛，群峰如螺，楚天寥廓，犹如国画家笔下的水波。

八角寨最陡峭的一角，在寺院遗址北面：从绝壁出五十余米，峰尖似昂首翘立的龙头。这里常年云雾弥漫，山风怒号，四周险崖壁立，深谷如坠。就在这奇险无比的翘角顶端，竟有一座山神小庙。通往龙头的山脊小径仅宽一尺，烧香者必须手足并用，匍匐前进，这就是著名的"龙头香"。其惊险令人叫绝！唯心诚胆大者才敢去"龙头"烧香。

🌸 牛鼻寨景区

牛鼻寨景区，因其东面有许许多成双成对形似牛鼻的石孔而得名。现在又叫天一巷景区，"巷"是此景区的特色，以"天下第一巷"为代表的大小"一线天"九条，是典型的丹霞地貌一线天群落，2004年改名为天一巷景区。主要景点有天一巷、遇仙巷、马蹄

名·山·篇

巷、遇仙桥、仙人桥、百丈崖、月光岩等。

被称为崀山第一绝的天下第一巷，全长238.8米，两侧石壁高80～120米，最宽处0.8米，最窄处0.33米，可谓世界一线天绝景。人行于弯曲的巷道中，如置身地底，战兢不已；两旁绝壁对峙，笔直如刀劈斧削，抬头唯见一线青天；又恍若时间隧道里的过客，体验着险与美的魅力。当过客从幽暗狭窄的石巷中走出，在尽情欢呼之余，不禁生恍若隔世之感。每当阳光映照，巷壁熠熠生辉，奇妙无比。

天一巷东南角有翼王石达开驻过军的义军寨，至今前后寨门、寨墙依稀可辨。此外，纵横交错的马蹄巷、遇仙巷、翠竹巷，巷窄境幽，两旁翠竹依依，令人流连忘返。循揽月梯拾级而上顿生可上九天揽月之感。来到七层楼藏天洞，站在望江楼、楼外楼，无尽美景奔入眼底，使人由衷赞叹，"江山如此多娇"。

将军石的故事传说

将军石，昂首挺立在桂北、湘南风景秀丽的崀山。面朝一湾碧澄透明的扶夷江水，背靠层峦挺秀的万峰群山。千载风雨无摧，顶天立地，傲视苍穹。成为英雄的象征、历史的丰碑。

某年，从南边闯来了一群凶恶的敌人，屠杀饥寒交迫的人民，掳掠穷困难堪的山区。平日守卫在这里的"镇南将军"却贪生怕死，抱头鼠窜。这时，一位青年英雄揭竿而起，带领农民挥舞锄头、马刀，紧握木棒盾牌，在扶夷江边与入侵者展开了英勇的战斗。人民拥戴他为自己的镇南将军。年轻的英雄横枪跃马，以一当十，只杀得天昏地暗，夷水倒流，终因寡不敌众，陷入了重围。这时，突然丛林中杀出一支娘子军，首领是一位美丽俊秀的村姑——青年将军的未婚妻。他们合力奋战，喊杀震天，把敌人杀得大败，到处丢满了侵略者的尸体，剩下的跪在地上讨饶……可是，年轻的农民将军英雄牺牲了，他死而不倒，而手握利剑昂首挺胸注视着祖国的南疆，日久天长英雄风化为石。村姑对将军非常钟情，陪伴着"将军石"守卫在祖国的南大门。春兰秋菊，岁月如流，姑娘变成了"美女石"。清代诗人邹道聘的《将军石歌》唱道：荆湘南极粤西东，别有将军石一峰，巍然屹立势从容，伟悟秀杰敬重瞳……至今烟风雨中，犹作当年战斗容，流水仿佛声汹汹。

丹霞山

丹霞山风景名胜区位于湘、赣、粤三省交界处，在韶关市东北54 千米处，丹霞山与罗浮山、西樵山、鼎湖山合称为广东四大名山。是国家级重点风景名胜区，国家地质地貌自然保护区，被誉为"中国红石公园"。

丹霞山海拔 408 米，是砂岩地形的代表，地质学家称之为"丹霞地貌"。许多悬崖峭壁色彩斑斓，像利刀削斧，直指蓝天；无数奇岩美洞，隐藏于山中，景色绮丽，曾有"桂林山水甲天下，尚有广东一丹霞"之说。

丹霞山风景区可划分为上、中、下三层。上层景区有长志峰、海螺峰、宝珠峰。长志峰上建有一座两层的"御风亭"，可容纳200多人，是观日出的好地方，在亭上可看到周围的僧帽峰、望郎归、蜡烛峰、玉女拦江、云海等胜景。海螺峰顶有"螺顶浮屠"，附近的相思树郁郁葱葱，还有海螺岩、大明岩、雪岩、晚秀岩、返照岩等岩洞。宝珠峰有虹桥涌翠、舵石朝曦、龙王泉等景点。中层景区以别传寺为主要景点，从这里到通天峡，两旁岩石像合掌一般，奇险无比。石壁上刻有"幽洞通天"四个苍劲有力的大字，更增添了这里的险峻，使人顿生寒意。下层景区主要有锦岩洞天胜景。在天然岩洞内有观音殿、大雄宝殿、马尾泉、鲤鱼跳龙门等景点。"龙鳞片石"随四季的更替而变换颜色，为天下一绝。下层景区要钻隧道、穿石隙，较为刺激。丹霞山下有一条清澈的锦江，环绕于峰林之间，游客可乘舟漫游，欣赏沿江两岸景色和摩崖石刻。

丹霞山自舜帝南巡登上此山开始，历代文人留下了丰富的诗赋、题咏、游记和摩崖石刻，南宋时已成为岭南著名的风景名胜区和佛教圣地。

目前，丹霞山已开放了4个景区：主峰景区、翔龙湖景区、锦江景区和阳元山景区。

山名的传说

相传很久以前，丹霞山有个木佛精，专抓山下的黎民百姓而食。一天，木佛精抓到一个英俊潇洒的青年和一个美丽漂亮的少女，他们分别叫阿丹和阿霞。木佛精看到阿丹与阿霞英俊漂亮，舍不得吃掉，便要阿丹、阿霞做他的奴婢。阿丹、阿霞被关在伏虎岩，相依为命。

时间一天天地过去了，他俩日夜思想也找不到逃生的计策，因为木佛精眼睛犀利，能看穿大山巨石，不管你走到那里他都能看得一清二楚，再加上他身上有两件宝贝，火葫芦和水葫芦。若要逃生，得先把他两件宝贝偷走才行。

一天，木佛精喝酒喝醉了，倒在地上呼呼入睡。阿丹和阿霞看逃走时机已到，阿霞快手一下解下脖子上的葫芦，但另一个葫芦仍压在木佛精腰下。阿丹、阿霞逃跑时由于心慌，一脚踢飞了木佛精身边的茶壶，惊醒了木佛精。它用它的妖精眼一扫，只见阿霞手拿着葫芦，阿丹牵着阿霞的手在山峰溪涧奔跑。阿丹、阿霞顺锦江而下，再转过群山环抱的大石山，他们觉得身后好似有一股风在追赶，走了半天还没有逃出木佛精旧地。这时木佛精跃上半空，挥舞着葫芦说："再跑就烧死你俩!"阿丹和阿霞牵着手，不管是刀山火海也在所不惜。木佛精是抓不回他俩了，便要把他们变成烧焦的石头。于是打开手中火葫芦，一道红光从半天射向群山，烈火沿着阿丹、阿霞走的路线燃烧，眼看大火就要燃着阿丹、阿霞了，阿霞告诉阿丹一直往东跑，阿霞停下脚步，打开手中水葫芦的盖子，对着烈火就要喷洒。突然狂风掀起高数十丈的烈火向阿霞袭来，阿霞被火浪喷倒在地上，烈火从脚一直烧到头部，动弹不得了，只是手中葫芦的水仍汩汩地流着，顺着低洼的南方流去，流成了一条河。这就是现在的锦江河。

　　阿丹朝着东方奔跑，眼看就要逃出木佛精的魔爪，他回头追寻阿霞，看见阿霞全身已被烈火烧得通红，变成了一座大山（即现在的睡美人）。阿丹惊呆了，烈火以迅雷不及掩耳之势，烧着了阿丹的衣服和头发，直到把阿丹烧成一座焦岩，变成现在大家看到的人面石。木佛精火葫芦的烈火把山石烧成红色，阿丹变成了人面石，阿霞变成了睡美人，但是烧不灭阿丹、阿霞忠贞的爱情，他们依然朝夕相伴，岁暮相守。后人为了纪念阿丹、阿霞不畏强暴、宁死不屈的爱情故事，用阿丹、阿霞的名字，把这里的山叫丹霞山。

缙云山

　　缙云山，雄峙重庆市北碚区嘉陵江温塘峡畔，是 7000 万年前"燕山运动"造就的"背斜"山岭，古名巴山。山间白云缭绕，似

名·山·篇

雾非雾，似烟非烟，磅礴郁积，气象万千。早晚霞云，姹紫嫣红，五彩缤纷。古人称"赤多白少为缙"，故名缙云山。缙云山与嘉陵江小三峡、合川钓鱼城一并被定为国家级自然风景名胜区。

缙云山总占地面积76平方千米，海拔350～951米，缙云山从北到南有朝日峰、香炉峰、狮子峰、聚云峰、猿啸峰、莲花峰、宝塔峰、玉尖峰和夕照峰等九峰。其中玉尖峰最高，海拔1050米；狮子峰最险峻壮观，其余各峰亦各具风姿。

景区古木参天，翠竹成林，环境清幽，景色优美，素有"小峨眉"之称，是观日出、览云海、夏避暑、冬赏雾，饱览自然风光的最佳去处。景区气候温和、雨量充沛，树木葱茏，森林面积达13平方千米，植物资源丰富。共有植物246科、922属、1966种、其中有桫椤、水杉、银杏、红豆杉、伯乐树、无刺冠梨和果上长有两翅的飞蛾树等国家级珍稀濒危保护植物45种；有缙云槭、缙云四照花、缙云黄芩等特色植物38种，是长江中上游地区具有代表性的亚热带常绿阔叶林林区和植物物种基因库。山上竹林茂密，品种多达十余种。有节肢动物2纲、20目、147科、1264种；陆生野生脊椎动物共4纲、21目、51科、189种。先后被国家有关部门授予"中国中小学绿色教育行动野外实习基地"、"全国青少年科技教育基地"、"重庆市环保教育基地"等称号。

缙云山又是具有1500多年历史的佛教圣地。山中缙云寺，始建于南朝刘宋景平元年（423年），后曾称"相思寺"、"崇胜寺"、"崇教寺"，曾受到历代帝王封赐。寺中自古办学，名为"缙云书院"。寺内现存有宋太宗诵读过的24部梵经。寺外石照壁上"猪化龙"浮雕，为六朝文物。另有出土的石刻天王半身残像，据传是梁或北周作品。

缙云山的传说

缙云山在远古时代叫做巴山。山上松翠花香，山下嘉陵碧流。

在这一带，居住着两个勤劳而善良的氏族，一个是巴族，一个是宾族。他们和睦相处，靠打猎和捕鱼为生。

山上有一个石穴，终年翻涌着一股暖人心脾的温泉水。这水，据说是王母娘娘的玉液池裂了一条缝，流淌到巴山来的仙水，巴山上的人喝了这仙水，岁数都活得很长很长；洗了这仙水，从不生疮染病。巴、宾两个氏族过得十分快乐。

到了轩辕黄帝打败了炎帝，统一了中原以后，大封功臣，把一个掌管驱疫、驱鬼的臣子封为夏官，并赐了他一个姓氏，就叫缙云氏。缙云氏生了一个名叫荼的儿子。荼性情暴躁，常在外为非作歹，涂炭生灵。老百姓控告到黄帝那儿，黄帝大怒，准备下令把荼处以极刑。缙云氏十分恐惧，他想起了同朝共事的高辛氏也有八个不成器的儿子，便去找他商量主意。他们终于盘算出了一个办法，向黄帝汇报说，巴山有一个仙泉，恳请黄帝批准由他们的儿子带兵到巴山一带去征服当地的氏族，夺取仙泉，将功赎罪。

皇帝想占有仙水，于是，缙云氏之子荼为帅，高辛氏八子当先锋，率领上万兵士，溯江而上。一路上烧杀抢掠，巴族、宾族英勇抵抗。终因寡不敌众，最后剩下九位年轻的勇士退到嘉陵江边的巴山上，以喝巴山仙水补充精力。他们坚持奋战了七天七夜，进攻者死伤数千人，荼帅气得两眼喷出火花，将巴山的树木烧光了。巴山上的岩石熔化了，鸟儿飞走了，老虎被烧死了，连巴山上空的云朵也被烤成绯红绯红的。待满山大火熄灭，九位勇士化成九座雄伟高大的山峰，挡着进攻者的去路。他们就是现在的缙云九峰。从那时起，巴山上空的云彩，一早一晚，总是绯红绯红的，古时称赤色为缙色，于是人们便逐渐把巴山称为缙云山了。

金佛山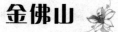

金佛山位于重庆市南川区境内，大娄山脉北部，面积1300平方千米，景区面积441平方千米，由金佛、柏枝、菁坝三山组成。景区由于特殊的地理位置和气候条件，在远古时期，缓冲了第四纪冰川的袭击，较为完整地保持了古老而又不同地质年代的原始生态，喀斯特地貌特征明显，融山、水、石、林、泉、洞为一体，集雄、奇、幽、险、秀于一身。

金佛山属亚热带湿润季风气候，具有冬短、春早、夏长，雨热同季、气候垂直变化明显的特点。由于特殊的气候条件，时而云雾走、骤至，云海波涛翻滚，时而雨过天晴，云、雨、霞、雾、雪、风形成了独特美丽的奇光异彩气象景观，形成了许多优美的水体景观以及飞流直下三千尺的龙岩飞瀑、水花岩瀑、三层瀑。

金佛山景区以其独特的自然风貌，品种繁多的珍稀动植物，雄险怪奇的岩体造型，神秘而幽深的洞宫地府，变幻莫测的气象景观和珍贵的文物古迹而荣列国家重点风景名胜区和国家级森林公园。

金佛山自然保护区始建于1979年，素有植物王国之称，共有植物5099种，属国家保护植物52种。银杉、古银杏、大叶茶、方竹、杜鹃王树属国家一类保护植物，被誉为"金山五绝"；还有"金山三精"人参、竹米、天竺黄。动物500多种，其中有属于国家一级保护动物的金钱豹、云豹、华南虎、白冠鹤、红腹角鸡、金丝猴、黑叶猴、梅花鹿等。

🌿 古佛洞的传说

金佛山有个古佛洞，进洞不远可见一墩大石，石后水吼雷鸣，石上有七个孔喷出泉水。传说洞里住着与庄稼人心连心的巨发林和小白龙。巨发林是个桶匠，他打的桶，薄如蛋壳，轻巧好挑。一天，巨发林到曾瓦子岩选木料，忽听一声怪叫，一只秃鹰从半天云里猛冲下来，刁起一条白蛇，那白蛇拼命挣扎。巨发林急步上前，猛举开山斧朝秃鹰背上砍去，秃鹰慌忙丢下白蛇飞逃。白蛇马上变成了一位英俊少年，巨发林莫名其妙。那少年说明原因，原来古佛洞内住着小白龙，奉龙王之命在此管水。于是二人结拜为兄弟，从这以后，用巨发林打的桶挑水，水老是用不完。

第二年三伏天，火辣辣的热风使稻田发裂，人们焦急万分，巨发林来到古佛洞，问其原由。小白龙说："是那只秃鹰在作怪，因偷听金佛寺和尚念经而得道，化为人形，善使铁板，人称铁板道人。它之所以要害我，就是想吃得龙珠而登仙境，因未如愿，怀恨在心，在这三伏天鼓动双翅吹散云雾，扇起热风，刮干地水。我虽涌尽洞中泉水也无济于事。只有烦老兄与我齐去东海，向龙王求得海水救急。"小白龙托起巨发林腾空而起，飞过狂风呼啸的"骑龙"，飞过波涛怒吼的"白龙滩"，飞过浑身发麻的"镇龙山"，来到东海，向龙王奏明原委，借得海水回到金佛山。为防止秃鹰捣乱，小白龙叫巨发林假扮"天师"，带领众人到古佛洞请水。不料被小孩认出来。混在人群中的秃鹰听到后，不禁怒火中烧。举起铁板直往洞中打去，"轰隆"一声，一块大石头从洞顶塌下来，将小白龙和巨发林严严实实地封在洞中，秃鹰怪叫几声飞走了。

当晚，巨妈妈从梦中醒来，找出儿子穿的贴身衣服，放进曾瓦子里架起猛火蒸。蒸到七七四十九个时辰时，来了个讨饭叫化婆，她不要白米，硬要熟食，并伸手去揭曾瓦盖，这一下把搭救巨发林和小白龙的事全败坏了，巨妈妈气晕过去了。她在昏沉中又像听见儿子和小白龙在叫她拿七个鸡蛋蒸七七四十九个时辰，然后一齐向

MINGSHANPIAN

名·山·篇

145

古佛洞大石头打去就能得救。巨妈妈醒来蒸好了蛋，但当她走进古佛洞时，那叫化婆猛向她扑来，篮里的七个鸡蛋被撞落在地，巨妈妈就将鸡蛋一个个拣起投向大石，炸开了七个大孔，七股泉水齐向叫化婆冲去，一直将她冲下了悬崖丧了性命，显出了秃鹰的原形。巨发林和小白龙虽未得救，但从七孔中流出的泉水常年不断，金佛山下，年年丰收。

峨眉山

　　峨眉山地处长江上游，屹立于大渡河与青衣江之间，位于四川峨眉山市境内，景区面积 154 平方千米，最高峰万佛顶海拔 3099 米。因其地势陡峭，风景秀丽，有"秀甲天下"的美誉。

　　峨眉山包括大峨眉、二峨眉、三峨眉、四峨眉。大峨山为峨眉山的主峰，通常说的峨眉山就是指的大峨山。大峨、二峨两山相对，远远望去，双峰缥缈，犹如画眉。这种陡峭险峻、横空出世的雄伟气势，使唐代诗人李白发"峨眉高出西极天"、"蜀国多仙山，峨眉邈难匹"的赞叹。峨眉山以多雾著称，常年云雾缭绕，雨丝霏霏。弥漫山间的云雾变化万千，把峨眉山装点得婀娜多姿。主峰高出成都平原 2500 ～ 2600 千米。峨眉山为褶皱断块山地，断裂处河谷深切，一线天、舍身崖等绝壁高达 700 ～ 850 千米。山上多佛教寺庙，向为著名游览地。

　　峨眉山层峦叠嶂、山势雄伟，景色秀丽，气象万千，素有"一山有四季，十里不同天"之妙喻。清音阁以下为低山区，植被葱郁、风爽泉清，气温与平原无大差异。清音阁至洗象池为中山区，气温已较山下平原低4℃～5℃。洗象池至金顶为高山区，人行云中，风寒雨骤，气温比山下报国寺等处低约12℃。

清代诗人谭钟岳将峨眉山佳景概括为十种："金顶祥光"、"象池月夜"、"九老仙府"、"洪椿晓雨"、"白水秋风"、"双桥清音"、"大坪霁雪"、"灵岩叠翠"、"罗峰晴云"、"圣积晚种"。现在人们又不断发现和创造了许多新景观，峨眉新十景为："金顶金佛"、"万佛朝宗"、"小平情缘"、"清音平湖"、"幽谷灵猴"、"第一山亭"、"摩崖石刻"、"秀甲瀑布"、"迎宾滩"、"名山起点"，无不引人入胜。进入山中，重峦叠嶂，古木参天；峰回路转，云断桥连；涧深谷幽，天光一线；万壑飞流，水声潺潺；仙雀鸣唱，彩蝶翩翩；灵猴嬉戏，琴蛙奏弹；奇花铺径，别有洞天。春季万物萌动，郁郁葱葱；夏季百花争艳，姹紫嫣红；秋季红叶满山，五彩缤纷；冬季银装素裹，白雪皑皑。登临金顶极目远望，视野宽阔无比，景色十分壮丽。观日出、云海、佛光、晚霞，令人心旷神怡；西眺皑皑雪峰、贡嘎山、瓦屋山，山连天际；南望万佛顶，云涛滚滚，气势恢弘；北瞰百里平川，如铺锦绣，大渡河、青衣江尽收眼底。置身峨眉之巅，真有"一览众山小"之感叹。

峨眉山主峰万佛顶海拔3099米。全山形势巍峨雄壮，草木植被浓郁葱茏，故有"雄秀"美称。因为高度可观、面积庞大，登山路线几近百里，对普通攀登者形成有力挑战。近年来建成了登山索道，游人已可轻松登临，去极顶俯瞰万里云海，在金顶可欣赏"日出"、"云海"、"佛光"和"圣灯"四大绝景。佛光是峨眉山最壮美的奇观。峨眉山上共有佛寺数十处，寺内珍藏有许多精美的佛教瑰宝。许多笃信佛教的老人不辞艰苦，一步一歇，历经数十日登上山顶。无数慕名猎奇的游客远涉重洋，几经周折，装满数载惬意离山。峨眉山优美的自然景观、良好的生态环境使它成为人们探奇览胜、求

仙修道的理想处所。

🦋报国寺

　　峨眉山是我国佛教四大名山之一，报国寺则是峨眉山最大的寺庙。1983 年，它连同万年寺、洪椿坪、洗象池、金顶，一同被国务院确定为汉族地区佛教全国重点寺院。

　　报国寺为明万历四十三年（1615 年）明光道人主建，原址与伏虎寺隔溪相对。清顺治年间，闻达和尚重建，迁到大光明山麓，即今址。康熙四十二年（1703 年）始改今名。现寺门匾额"报国寺"三字，为康熙皇帝御题，大臣王藩手书。

　　报国寺结构雄浑大方，入山门依次是弥勒殿、大雄宝殿、七佛殿和藏经楼。第一殿为弥勒殿，内供一尊 2 米高，喜笑颜开、袒胸露腹的弥勒像。第二殿为大雄宝殿，供有释迦牟尼佛，两旁列十八罗汉。

　　大雄宝殿左面是新设的文物陈列室，陈列着历代名书画，包括赵孟頫、徐悲鸿、齐白石等大家之作。在大雄宝殿后面的天井里，有明代铸造的紫铜华严塔。塔高 6 米，分 14 层，上铸有 4762 尊佛像和《华严经》全部经文。这是四川省现存的最大铜塔，被列为四川省重点文物保护单位。

　　第三殿为七佛殿。殿中并坐七佛，中间一尊为释迦牟尼佛，其余六尊为过去佛，从右至左依次为：拘留孙佛、拘那含牟尼佛、迦叶佛、毗舍佛、尸弃佛、毗婆尸佛。这七尊佛由清光绪年间隆德法师所塑，采用了"脱纱塑造"的技术：先塑好坯模，然后在坯模上面涂上漆，再用麻布、绸料一层层敷上，待干后脱去坯模，最后彩绘。这反映了我国古代塑造艺术的精湛。七佛皆盘腿坐莲台，体态匀称，庄严肃穆，乍一看似乎形态都一样，细细审视，则表情各异。

游·遍·名·山·大·川

YOU BIAN MING SHAN DA CHUAN

🦋 万年寺

万年寺是峨眉山历史最悠久、规模最宏伟的寺院，曾多次被毁并重修。殿内有宋代铸造的普贤菩萨骑六牙白象铜铸像一尊，成为文殊道场峨眉山的标志，堪称稀世国宝。

万年寺是峨眉山的八大寺庙之一，创建于晋朝，为慧持大师所建，当时称为普贤寺。唐时改名白水寺；宋时易名为普贤寺；明万历帝因赐无梁砖殿"万寿万年寺"之额而改名为万年寺。现时的万年寺是 1954 年修复的。

万年寺尚有三件珍宝。第一件是梵文贝叶经。贝叶经是指将佛经刻在古印度贝多罗树叶上保存下来的佛经。万年寺的贝叶经已有2000 多年的历史，是明朝高僧别传法师从缅甸请回。

第二件是迦叶佛牙，是南宋初年，有一位法师到锡兰（今斯里兰卡）参学时，获锡兰国君赐予的。另一件珍宝是明朝万历皇帝赐的御印。据史书记载，明万历二十八年（1600 年），神宗皇帝之母慈圣太后前来峨眉山还愿，并捐助修建普贤砖殿，神宗赐寺名"圣寿万年寺"，故赐此印。

无梁砖殿和普贤骑象铜像，是万年寺最具特色的建筑和塑像。砖殿除大门以木制外，并无梁柱栋方，故又称无梁殿。殿内正中，是铜铸普贤骑象像。象色白、腹空，四体有力，古朴雄浑。象背普贤坐莲台，体态丰润，衣纹线条流畅，手执如意，表情肃穆。此铜像铸于北宋时期，距今已千年有余，为全国重点文物。

🦋 佛光的传说

"佛光"这个名称的由来有个传说。那是几千年前的事了。相传乐汉永平年间，在峨眉山的华严顶下面，住着一个姓蒲的老人，大家都叫他蒲公。蒲公祖辈都靠采药为生，一年到头在峨眉山上到处采药。宝掌峰下宝掌寺里有个宝掌尚。年深日久，两人的交情慢慢

好起来。蒲公采药，常去宝掌和尚庙歇歇脚，宝掌和尚也常到蒲公家里谈古论今。

一天，蒲公正在一个名叫云窝的地方采药，忽然听见天空中传来了音乐声音。他忙抬头一看，只见一群人马脚踏五彩祥云，直往金顶方向飘去。其中有一个人，骑了匹既不像鹿又不像马的坐骑。蒲公心想，这些人能在天上驾云，不是神也不是仙。于是跟着那片祥云，往金顶追去，想看看究竟是些什么人。

蒲公来到金顶，见舍身崖下云海翻卷，五彩万道。在五彩光环中，有一人头戴束发紫金冠，身披黄锦袈裟，骑了一匹六牙大象，头上有五彩祥光，脚下是白玉莲台。蒲公认不得是谁，就赶着回来问宝掌和尚。刚到家里，就见宝掌和尚早已在等他。见他回来宝掌和尚就问："今天你到哪里采药去了？怎么一去就是半天？"蒲公把在金顶看到的事告诉了宝掌和尚。宝掌和尚一听大喜，忙说："哎呀！那是普贤菩萨嘛！我就想见普贤，求他指引佛法，走，我们再去一趟！"说完，拉着蒲公就向金顶跑去。走到洗象池，宝掌和尚指着池旁边一片湿象蹄印说："你看，这不是普贤菩萨骑的白象在这里洗过澡么？"说着更加快了脚步。不一会儿他们就到了金顶。宝掌和尚到舍身岩上往下看，只见岩下一片茫茫云海中，有一团七色宝光。宝掌和尚说："那七色宝光就是普贤菩萨的化身，叫做佛光。"

这时，蒲公忽然看见光环中又出现了普贤的金身，就忙叫宝掌尚看。可是等宝掌和尚看时，光环中却只出现了自己的身影。蒲公感到很奇怪，就问宝掌和尚："怎么光环中只出现你自己的影子？"宝掌和尚对他说："你每天采药，救人苦难，为大家做了许多好事，所以感动菩萨，向你现了金身。我做的好事还不如你多，所以不能看见菩萨的金身，只能看见菩萨头上的宝光。"

以后人们就把能看见佛光当作一种吉祥的象征。并且给它起了个名字叫"金顶祥光"。

青城山

青城山位于四川省都江堰市西南部，距成都66千米，是距离成都最近的国家级风景名胜区。全山林木青翠，四季常青，诸峰环峙，状若城郭，故名青城山。自古有"青城天下幽"的赞誉。唐代伟大诗人杜甫曾写下"自为青城客，不唾青城池，为爱丈人山，丹梯近幽意"的著名诗句，描绘了青城山的秀色，抒发了对青城山的爱慕之情。唐代诗人岑参、钱起、贾岛，宋代诗人陆游、范成大等，都到过青城山游览，并有题咏，为青城秀色增添了不少诗情画意。

东汉末年，道教创始人张陵（又名张道陵，后人称张天师）来青城山设坛传教，称为"天师道"。晋朝以后，道教在青城山有了较大发展。至唐宋，青城山更为道教独占，宫观遍布山林，成为我国道教发祥地之一，称"第五大洞宝仙九室之天"，是道教有名的洞天福地。

青城山分前山、后山两大景区，相传有36峰、8大洞、72小洞、108景。周匝120平方千米，林木青翠，终年常绿，群峰环拱。前山是青城山风景名胜区的主体部分，约15平方千米，景色优美，文物古迹众多，主要景点有建福宫、天然图画、天师洞、朝阳洞、祖师殿、上清宫等。后山总面积100平方千米，水秀、林幽、山雄，高不可攀，直上而去，冬天则寒气逼人、夏天则凉爽无比，蔚为奇观，主要景点有金壁天仓、圣母洞、山泉雾潭、白云群洞、天桥奇景等。

前 山

前山山门前，背靠苍翠如屏的丈人峰下，是著名道观建福宫，唐代诗人杜甫、宋代诗人陆游都是从这儿开始登山的。建福宫始建于唐代，原名丈人祠，是拜祭五岳丈人宁封的祠堂。宫内有委心亭、乳泉亭、古木山、古壁画、394 字长联等文物。出建福宫，穿过题有"青城山"三字的彩色牌楼，踏上条石铺成的盘山小道，一路松杉夹道，林阴蔽日，使人进入一种空灵幽深的境界。

青城山主庙天师洞三面环山，面临深涧，始建于隋代，名延庆观，唐以后称常道观。它是汉代张陵天师传道和羽化登仙的地方，被称为天师祖庭。因靠山处有一洞窟，传说为张天师结茅传道住过的地方，所以一般人都称此观为"天师洞"。现存殿宇多为清代重建，雕塑精工，彩绘夺目。殿前有左右银杏树，高七丈，粗五人围，相传为张天师亲手所植，已有近 2000 年的历史。常道观后，双干并立的古岐（qí）棕，也是唐代所植，已历千余年。其下三皇殿内有唐代三皇石像，栩栩如生。三清大殿内塑有道教至高无上的三位大神，他们分别是玉清原始天尊，上清灵宝天尊及太清道德天尊。道德天尊就是人们常说的"太上老君"。大殿楼上为无极殿，内有明代浮雕木刻花屏，玲珑剔透，色彩绚丽。正中匾额上书"丹台碧洞"四字，是清康熙大帝手迹，因青城山所属教派为全真道龙门派丹台碧洞宗。三清殿后上行至黄帝祠，内供奉中华人文初祖——轩辕黄帝。右侧过"龙跷仙踪"牌坊，便来到张天师当年住过的洞窟，内有石龛，供奉隋代刻张天师像，面有三目，神态威严。天师洞左侧有"降魔石"，相传是张天师以剑劈石，降服群魔之地。山崖脚下另有一池如镜，为洗心池。

天师洞后 500 米许，是古龙桥，又名偏桥。偏桥对面的陡崖上，有一条深 20 余丈，阔 5 丈的石槽，这就是"掷笔槽"。相传为天师迫令魔王立誓，掷笔成沟，震断山岩而成。

过朝阳洞、三弯九倒拐、壮观亭后，便至上清宫，这是青城第一峰登顶的必游之地。其始建于晋代，前蜀王王衍重建。现有殿宇大多为清代建筑。穿过山门，登石级入三清殿，内供太上老君，旁祀纯阳祖师、三丰祖师。殿下有鸳鸯井，二井并列，一方一圆，传说为蜀王妃所开凿。文武殿因供奉文圣孔子和武圣关公而得名。其下为麻姑池，传是仙女麻姑浴丹之处。旁有一幽静小院。抗战期间（1939 年），国画大师张大千先生举家迁住于此，居住 4 年有余，作画上千件。

宫后里许，有呼应亭，位于青城第一峰最高处，海拔超过 1600 米。另有老君阁，内有老君骑牛铜像。登阁纵目，青城 36 峰尽收眼底，岷江如带，宛若画图。

出上清宫山门，下行可至天师池、云海亭。圆明宫建自明代万历年间，位于丈人峰北麓与木鱼山相连的小坡谷地，内有三重大殿。前为灵祖殿，供奉道教护法神灵官；中为斗姆殿，供奉北斗众星之母——斗姆天尊，她是道教所信奉的女神；后殿内供"四御"，即四位天帝。他们是玉皇大帝、北极大帝、勾陈大帝和土皇地祇。

从圆明宫往西南上行里许，即为玉清宫。古名天真观，祀天皇真人及吕洞宾、邱处机二位祖师。下殿内供药王孙思邈，传说他晚年于此写下《千金方》。

🌿 后　山

后山为产茶圣地，唐代陆羽的《茶经》便记载了青城茶。在宋代，青城茶被列为贡品，贪官污吏趁机压榨茶农。破产茶农揭竿而起，于北宋淳化四年（993 年）起义，首领为王小波、李顺，并提出了"均贫富"的口号。此地已新建"王小波、李顺起义陈列馆"。

后山主景区五龙沟为一系列景组，它由三潭雾泉、龙宝岩、五

龙吐水、涌泉洞等景点组成，泉泉相连，飞珠碎玉，潇洒多姿。龙隐峡栈道长 500 余米，行进其间，山风扑面，凉意透骨，抬头只见一线青天，两侧崖壁贴身而立。龙隐峡右行上山，过石笋岩、"又一村"亭，便至白云群洞，其岩有 3 层，层层有洞，大小上百，呈弯月形分布，长达 2.5 千米。群洞中最有名的莫过于通天洞，相传为白云祖师修炼之处。"仁者乐山，智者乐水"，青城后山的飞泉沟有众多观水佳处，其中观音岩瀑布、闭月潭、落雁潭尤为绝妙。

孤鹤领的传说

青城山南边，有两座相连的山峰：一座叫孤鹤岭；一座叫谷壳山。

据说，很早以前那里有个姓庄的财主，他霸占着方圆几十里的田地，这里的穷人都是他的佃户。庄财主心狠手毒，恨不得把穷人的骨头都拿来熬油点灯。佃户们每年交完租后所剩无几，很难吃顿饱饭，所以大家背后叫他"装不满"。

孤鹤岭下有座庙子，名叫香积寺。庙里只有一个老和尚和一个小和尚。师徒俩靠一点零零星星的香火钱过日子，哪里够吃呢，还不得不时时出去化缘糊口。

谁知这地方突然出了一桩怪事：每到秋收时节，稻谷金黄之后，庄财主田里的谷吊吊就不翼而飞，就像被人家齐刷刷地摘了一样。这下佃户们就蒙了，拿什么去交庄财主的阎王租呢？庄财主却怀疑是佃户们偷了或者故意隐瞒，于是派出大批恶奴到各家各户去逼租，闹得穷佃户们有的挨打，有的吃官司，有的坐班房，受够了罪。佃户们都想不透这件事，只好跑到香积寺去求菩萨保佑。

有一天，香积寺的小和尚到修在岩窝头的厨房去煮"菜菜饭"，一眼望见一个岩孔里有堆白米，他很奇怪，一颗不剩地捡起来和菜煮给师父吃了。老和尚问哪里来的米，小和尚就带师父去看那个岩洞。怪了，刚才明明把米撮完了，咋又有一堆呢？于是师徒俩把米装完了，刚转身要走，小和尚惊叫起来："师父，看呐，那儿又有一堆。"就这样他们装了又装，有一次无意中朝那岩孔上一望，突然看见有个鸡蛋大的洞口在漏米。师徒俩高兴极了，以为是菩萨赏赐的，这下不愁吃了。他俩心肠又好，拿些米煮饭给挨邻的穷苦百姓吃。这消息一传十，十传百，香积寺被叫成了漏米寺。

庄财主听到了，起初他还不信，觉得很奇怪，心想：一个破庙子哪儿来的米呢？会不会是偷我的？一天中午，他带了几个恶奴闯进香积寺，叫老和尚给他们煮干饭，老实厚道的师徒俩果真煮给他们吃了。吃完后，庄财主蛮横地追问："这米哪儿来的？分明是偷我庄家的，快交出来！"老和尚当然不承认，说："我们一老一小，哪有能力偷，这是漏米洞捡来的。"财主大叫一声："搜！"恶奴们一拥而上翻箱倒柜，只见到处是白花花的大米，可把庄财主的眼睛都盯绿了。这家伙又打鬼主意了：这是个天然粮仓，将就这个庙子来装漏米洞的米，多好呢！于是他一口咬定这米是偷的，要治罪。师徒俩无法，只得带他去看了漏米洞的洞口。庄财主更不松劲了，把他师徒俩捆绑起来吊打，说："这庙子是我家的祖庙，周围几十里的田地房子都是我爹买下来的，你们两个秃驴竟敢把我家的庙子和米占为己有，实在是该死！"恶奴们把师徒俩毒打一顿，然后连掀带推，赶出庙外。

庄财主高兴坏了，又打起算盘。他嫌岩孔上的洞太小，漏米还少。叫来恶奴把洞凿得钻得进人，谁知米却反而不漏了。庄财主让恶奴们爬上去看看，随后自己也从洞内爬出去了。一出洞口，只见前面还铺着好多白米，旁边有一堆黄澄澄的谷壳。翻了一座山，看见山上的树林里有一片白茫茫的东西。一吆喝，惊起一片片白鹤，共有一二十只。

庄财主明白了：他的谷吊吊掉了，都是这些白鹤啄的。他想收拾这些白鹤。当时已经下午了，他依然从漏米洞爬回来，赶回家准备弓箭，带上些恶奴上山。在傍晚，趁白鹤栖息，在夕阳的余晖中伸展着它们洁白的翅膀悠闲地盘旋时，庄财主和恶奴们便放了冷箭。白鹤纷纷中箭坠地。庄财主这才心满意足地回庙子，把米全部搬走后扬长而去。

第二天清早，穷人们捡到不少死白鹤。小和尚也捡到一只翅膀受伤的白鹤，老和尚又抓点草药给白鹤疗伤。师徒俩悄悄跑回漏米寺，还是从那个洞口把白鹤放了出去。这只孤鹤摇摇摆摆向那个山岭飞去，所以那里后来又叫孤鹤岭。

贡嘎山

贡嘎，在藏文中，"贡"是冰雪，"嘎"是白色，一般雪山都称为"贡嘎"。贡嘎山在当地称为木雅贡嘎。它位于四川省西部的康定、泸定、石棉、九龙等县之间。南北长约200千米，东西宽约百千米，主峰位于康定、泸定县交界之处。它不仅为横断山脉之巅，也是四川第一高峰，被誉为蜀中"群山之王"。主峰海拔高约7556米，为世界第十一高峰。

它作为对外开放进行登山活动的九座名山之一，引起了中外探险家、旅行家、登山爱好者的关注。1957年6月，我国登山队6名运动员胜利登上主峰，在国内外引起极大反响。

贡嘎山不仅是登山旅游爱好者向往之地，也是研究地学、生物学的理想基地。它拥有特殊的地理位置、高大陡险的自然风光、热温寒三带共有的垂直气候和古今动植物同存的奇异世界，这一切构成了贡嘎山神奇迷人的魅力。

贡嘎山地形陡险。它西控雅砻江，东临大渡河，险峰竞秀，恶水争流，气势磅礴而雄伟，巍然屹立在群峰之上，颇有"山中之王"的气象。它是由一个巨大的浅绿色花岗闪长岩侵入体所组成。结构致密，质地坚硬，形成峰峦重叠而陡险的雪峰和深谷。由于具有滑堕、雪崩、恶劣气候等因素，征服贡嘎山便成为许多登山者梦寐以求的心愿，也因此吸引了更多人的向往。

贡嘎山气候多变。北高南低的地势和成南北走向的山体，极有利于西南、东南方向的海洋性季风顺河谷入侵。这里雨雪充沛，雾气常生。人们常说："山高一丈，大不一样"，"一山有四季，十里不同天"，"抬头一线天，俯首见深渊"，这是贡嘎山的真实写照。每年 3～5 月、10～12 月晴天稍多，是登山旅游的好季节。每当黎明时分，大地还在沉睡时，太阳偷偷从地平线上升起，贡嘎山雪顶渲染上一层红光，格外壮观。下午 2 点以后，常会天气突变，暴风雪和大雾袭来，形成天险奇观。

贡嘎山冰川遍布，据统计有 110 条，面积达 292 平方千米，是一个天然"固体大水库"。冰川湖泊星罗棋布，10 多个高原湖泊分布于景区内，著名的有木格措、五须海、人中海、巴旺海等。其中"木格措海"更是久负盛名，它是川西北最大的高山湖泊之一，水域面积近千平方千米，水深 70 米，湖面海拔 3780 米。这里的冰川与森林共存，是世界罕见的。雪峰圣洁晶莹、林海莽莽苍苍、澄澈湛蓝的高山湖泊、飞珠溅玉的叠瀑温泉、千姿百态的奇峰怪石、鲜花争妍的绿色草原，这一切使人新奇爽目，心旷神怡，感叹别有天地在人间。

贡嘎山还是野生动植物的大观园。各种云杉、冷杉、高山栎、

桦木生长茂盛。到了盛夏，3500 米高度以上地区，数十种杜鹃花争相怒放。这里植被完整，几乎拥有从亚热带到高山寒带能生存的所有植物物种。植物 4800 余种，属国家保护的珍稀物种达 400 余种，东部河谷地区还遗留了不少被称为"活化石"的古老动植物。在这片土地上，栖息着 400 余种野生动物，28 种珍稀动物。有金丝猴、扭角羚、小熊猫、苏门羚等稀有动物，还有金钱豹、狗熊、棕熊、野猪、野牛、麝、岩羊、贝母鸡、白马鸡、画眉等珍禽奇兽。

贡嘎山集冰川、险峰、湖泊、森林、草原、丰富的动植物资源为一体，具有神秘而奇异的魅力。

贡嘎山的传说

关于贡嘎山，有一个美丽的传说。圣洁的贡嘎主峰，原来是一位美丽善良的木雅姑娘的化身。

远古时候，贡嘎山还没有今天这么高，和塔公草原一般。那时有一位名叫贡嘎悠悠志玛的姑娘住在这里，和一群牦牛相依为伴。牦牛给她鲜浓的奶子喝，给她软和的牛毛编织袍子。袍子虽暖和，却乌黑乌黑，一点也不好看。每到秋天，悠悠志玛就采集树叶和红色的桦树皮，编织百褶裙。穿上百褶裙的志玛漂亮极了，贡嘎山神杜吉罗珠看了，不禁喜欢上了志玛。他就变成一只白羚牛（白羚牛被藏族人视为圣物）接近她。

志玛也喜欢上了白色的羚牛，还选取羚牛的牛毛来编织毛料。这让那群乌黑乌黑的牦牛嫉妒。它们便乘志玛在编织忙碌的时候，一起围攻白羚牛。被激怒的白羚牛，用牛角和牦牛血战。这场血战持续了一整夜，好几只乌黑牦牛的肚皮被挑破了，其他的牦牛吓得往更高的西部高原逃去。

第二天，志玛用银白的羚牛毛做了一身白袍。她兴高采烈地穿上白袍，来到牛场上，却看到牦牛一个个惨死在地上，而羚牛皮毛却染上了血色——志玛明白发生了多么可怕的事情，她悲痛欲绝，痛哭流涕。

变成白羚牛的杜吉罗珠看到志玛这样伤心，自知作恶太甚，也无颜面变成人形来安慰志玛，便默默离开，从此一心向善，不再杀生，并远远地守望着他心爱的志玛。

也许是志玛的悲恸感天动地，也许是羚牛毛所编的白袍具有神性。穿着白袍的悠悠志玛，在恸哭中变高变大，最终化成巍峨的贡嘎主峰。在这神奇的变化中，悠悠志玛泪流不止，她的泪水就变成了一条河，河水像牦牛的奶水一样乳白，所以这条河又称做牛奶河。

牛奶河不是具体哪一条河，而是贡嘎雪山下那一条条纯净犹如牛奶的溪流，那是雪山冰川融化成的圣洁之水，是善良美丽的悠悠志玛给贡嘎山下万物生长的滋养和馈赠。

四姑娘山

四姑娘山位于四川省阿坝藏族羌族自治州小金县与汶川县的交界处，由四座长年被冰雪覆盖的山峰组成。它们从北到南，在 3～5 千米范围内一字排开，其高度分别为 6250 米、5664 米、5454 米、5355 米。这四座山峰长年冰雪覆盖，如同头披白纱，姿容俊俏的四位少女，依次屹立在长坪沟和海子沟两道银河之上。四姑娘中以幺妹身材苗条、体态婀娜，现在人们常说的"四姑娘"指的就是这座最高最美的雪峰。四姑娘山以雄峻挺拔闻名，山体陡峭，直指蓝天，冰雪覆盖，银光照人。山麓森林茂密，绿草如茵，清澈的溪流潺潺不绝，宛如一派秀美的南欧风光，人称"东方的阿尔卑斯"。

名·山·篇

四姑娘山的地表主要为中生代和古生代的砂岩、板岩、大理石、石灰岩与结晶灰岩组成。这些岩石大多耐风化剥蚀，山峰尖削陡峭，直插云天。四姑娘山周围还有20多座被冰雪覆盖着的4～5千米高的山峰。

四姑娘山的东面有奔腾急泻的岷江纵贯而过，西有"天险"之称的大渡河。山谷地带气候温和、雨量充沛，山花遍野、溪流清澈；山腰冰川环绕；山顶地势险峻，白雪皑皑。

四姑娘山一带森林茂盛，气候宜人，为丰富多彩的动植物提供了生存环境。在海拔2500米以上地段有原始森林分布，以高山针叶林、针阔叶混交林为主体。这里出产的红杉、红豆杉、连香树等是四川特有的珍贵树种。在海拔3700米以上地段还有高山草甸分布。每当春夏之交，这里绿草如茵，繁花似锦，是良好的夏季牧场。山上还盛产天麻、贝母、虫草等名贵中药材。这里的兽类约有五六十种，鸟类约三百种左右。其中属国家保护的珍稀动物有：大熊猫、小熊猫、金丝猴、白唇鹿、毛冠鹿、雪豹、苏门羚、金猫、扭角羚、林麝，以及红腹角雉、血雉等。举世闻名的卧龙大熊猫自然保护区就坐落在四姑娘山东坡。

🦋双桥沟

双桥沟的得名是因为当地老百姓为了便于通行，在沟内搭建了两座木桥，其中一座是由杨柳木搭建而成，俗称杨柳桥；另一座由红杉木搭建而成，俗称便桥。这里是山峰的博览会，是沟壑的陈列馆。

双桥沟全长34.8千米，初步探测有17个观景点，54个景点。进入沟内，阴阳谷山势陡峭，曲折幽深，别有洞天。日月宝镜山、五色山、尖子山、猎人峰、鹰嘴岩、人参果坪、撵鱼坝、盆景滩、红杉林冰川等景致如锦簇画廊，令人流连忘返。加之山水相依，草木相间，云遮雾绕，置身其中，宛若仙境。

长坪沟

四姑娘山有三沟一山，其中双桥沟是四姑娘山景区唯一能以车代步游览的一条沟，相对而言，双桥沟以观光游见长，海子沟以探险游著称，四姑娘山主要是登山活动，长坪沟主要是生态游。长坪沟沟口至沟尾长29千米，面积约100平方千米。在这条绿色长廊上，分布了21个观景点。长坪沟内的原始植物种类非常丰富，而且植被保存完好。成片的原始森林里，古柏高大挺拔，青松枝密叶茂，杉树、杨柳密密匝匝，遮天蔽日。头上，阳光穿透树冠，洒下万缕金光；脚下，长满青苔的沃土诉说着特有的幽静与原始，俨然是一幅"林深不见人"、"清泉石上流"的诗情画意般的美景图。森林尽头，豁然开朗，只见一片草甸置于群山环抱之中，其间有一条溪流潺潺流淌，蜿蜒回转，俨然进入另一番天地。

长坪沟也是户外运动爱好者的天堂，因为它是登三峰、四峰的重要营地，也是攀岩攀冰的理想场所。

四姑娘山的传说

相传在一个非常久远的年代，日隆镇有个叫阿郎巴依的小伙子与邻寨的一位姑娘结了婚，生下四个十分美丽的女儿。四个姑娘中，最漂亮的要算四姑娘。她长到十六岁时，已有一副让杨柳都羡慕不已的身材，一双让星星都嫉妒的眼睛，一张让野花都羞于开放的脸。三个姐姐都十分偏爱和呵护她。

不久从外乡来了一个叫麻尔多拉（也被写为墨尔多）的妖魔，他住在一个山洞里，经常为非作歹，残害生灵。他作恶多端，看见绿的颜色心里就产生毁灭的情绪。他每月要吃掉一个人的心脏，喝掉一个人的血，情绪才能平静下来。所以每到夏季他就要兴妖作法，让所有的庄稼都变为泥泞，让所有的人都无家可归。他打听到阿郎

巴依有四个漂亮的女儿，就想将她们占为自己的妻妾。他得知阿郎巴依是樟木寨的护寨人，就十分痛恨，常常在青山绿水的时候，哄骗天河泛滥洪水。为了保卫家园，阿郎巴依毅然同麻尔多拉展开了长期的格斗。不久，阿郎巴依在与魔王麻尔多拉交战时被魔王巧施阴谋害死，并丢失了让魔王害怕的日月宝镜。四姑娘听到这个消息后十分悲痛，年少的她决心替父复仇。她走遍嘉绒地区的所有神山，请求他们教给她降伏魔王的方法；她走遍所有的寺庙，学会对付魔王的手段，然后回到日隆关和魔王进行斗争。四姑娘凭着聪明和智慧几次战胜了魔王，日隆关这个地方又安宁了许久。

与四姑娘住在同一村，有个叫央青达尔吉的木匠，他与四姑娘自小在一起，青梅竹马，两小无猜。木匠的手艺远近闻名，他雕的花能开，雕的鸟能飞。他常常以自己的木匠手艺做一些木制东西送给四姑娘，四姑娘也常将自己绣织的腰带和衣物送给他。在一次与魔王的战斗中，四姑娘凭借木匠的帮助将魔王斗得落荒而逃，从此他们悄悄地恋爱着。

可是魔王并不甘心，他欺骗了天上的水母，只要给水母捎个信去，水母就给这里下很大的雨，让这里水涝成灾，老百姓不得安宁。四个姑娘决心像父亲那样同魔王战斗到底，守卫她们的家园。三个姐姐把年龄最小的四姑娘看管起来，她们怕她斗不过魔王。于是先由大姐和丈夫与魔王格斗，不幸的是都被魔王杀害。再由二姐和她的未婚夫与魔王厮杀，还是被魔王戕害。三姐和未婚夫也被魔王制服。四姑娘的三个姐姐一起变成三座大山压在魔王的身上。可是魔王的法力无边，眼看三个姐姐压不住了，四姑娘夺回了日月宝镜赶到，她摇身一变，变成了一座雄伟的大山，坚实地压在魔王的胸膛上，然后将日月宝镜往空中一抛，让所有的积雪变成了千年冰雪，把四姑娘冻得十分坚硬，把魔王撵向死亡。最后，她们终于用自己的生命换来了赞拉河水的平静，让这里的一草一木，一山一水都充满着灵性。

当四姑娘与魔王战斗时，木匠正在为从西方来的一位传扬佛法的弟子修建庙宇，当他听到四姑娘变成了雪山后，十分悲痛。他沿着长平沟往上跑，想见四姑娘最后一面。没想到来到四姑娘仙化的地方，见她早已变成了雄伟的雪山。看着圣洁美丽的四姑娘，他潸然泪下，觉得尘世间的事对他已没有什么牵挂。他忽地变成了一道圣洁的白云，终日围绕在四姑娘的山峰上，以表达自己对四姑娘的钟爱。直到今天，他依然守候在山峰之上，人们要见四姑娘真实的面庞十分不易，除非有缘，那四姑娘山峰上的云彩才会打开，让人们一睹仙女的芳容。

梵净山

梵净山是武陵山脉的主峰，国家级自然保护区，联合国"人与生物圈保护区网"成员。它位于贵州省东北部地区西面印江、江口、松桃三县交界处，总面积 567 平方千米。

梵净山的闻名与开发均起源于佛教，遍及梵净山区的四大皇庵、四十八脚庵庞大寺庙群，奠定了梵净山乃著名"古佛道场"的佛教地位，为中国五大佛教名山中唯一的弥勒菩萨道场。佛教文化为苍苍茫茫的梵净山披上一层肃穆而神奇的色彩。

大自然造物的神奇力量，使梵净山富集了令人陶醉的自然风光。山，或雄奇险峻，或秀美多姿，那引人入胜的是新金顶，在海拔2200 余米的崇山峻岭上，突兀而起冒出一尊石柱，高约 100 米，如

名·山·篇

163

巨笋出土，似玉龙啸天，红云环绕，直指苍穹。大自然的神工鬼斧，又将山顶一劈为二。两个山顶上分别建有释迦殿、弥勒殿，两殿之间有天桥相连，朝拜的香火烧到了云天之上。还有那独立撑云的蘑菇石、依山望母的太子石、状若册籍的万卷书（山岩）等，形神兼备，令人叹绝！至于梵净山顶部一带常常出现的"佛光"，更是令人魂牵梦绕，欲一睹为快。水，或涓涓细流，或叮咚垂滴，或白练悬空，或奔腾咆哮，皆异常澄洁。峰回水转，汇成了九十九条溪流，顺山势的东西走向，向东汇成了锦江、淞江，直奔沅江入洞庭湖；向西汇成印江河，直奔乌江进长江。树，遍山皆树，满眼是绿，繁花争艳，鸟兽和鸣，一幅天然画卷。还有那云、雾、风，波谲云诡，也给梵净山增添了不少的神秘色彩。置身此山中，俨然画中行，恍若仙山游。

　　大自然造物的神奇力量，还使梵净山成为一个原始古朴的生态王国。由于梵净山的山体庞大且垂直高差大，形成了一个生物多样性的原始基地。梵净山不仅生长着满山遍岭的各种植物和栖息着各类动物，而且拥有黔金丝猴、大鲵（娃娃鱼）、白颈长尾雉、云豹等珍稀动物和全球仅存的"贵州紫薇"以及中国鸽子花树（珙桐）等珍稀植物。梵净山原始古朴的生物群体，成了人类的一大财富。

九皇洞

　　九皇洞位于梵净老山之下，洞口石墙依石壁而建的九皇洞由石门入门，见一方整齐的在天井，尔后伸入洞内。扉崖的石墙上，刻有"洞天福地"四个大字，笔锋隽秀。据说这里是明朝万历皇帝的李皇娘修行的地方。

　　金顶的金刀峡上共建有三座飞桥相连，其中顶上的一座称为"天仙桥"，为明代所建，长4米，宽1米，是从50千米以外运来的块块巨石砌成的拱桥。在金刀峡左右两侧的金顶绝顶，曾建有庙宇，

游·遍·名·山·大·川

YOU BIAN MING SHAN DA CHUAN

五藏獨尊

分别为"释迦殿"和"弥勒殿"。佛殿后的巨石，有的称之为"晒金台"，有的称之为"说法台"；金顶左侧有"拜佛台"；金顶半山便是"舍身岩"；金顶半山还有观音洞，洞内有石雕佛像。

"国舅岩"与"太子石"的传说

明朝万历年间，神宗皇帝朱翊第九个妃子（人称九皇娘）因避祸携皇子从京城来到梵净山削发为尼。她在修行期间，济困扶危，爱老怜幼，为老百姓做了许多好事，修成正果。至今在梵净山下的印江土家人民中仍流传着她的许多传说故事。

九皇娘成仙后，她的两个亲人即兄弟李仁志（要称李国舅）和太子虽然也知道这是件好事情，但毕竟与亲人不能再相见，因而痛苦万分。

这天国舅拉着太子在金顶附近山林里寻找九皇娘的踪迹，上找不到，又下到马槽河去找，两个都累得连路都走不动了，便坐在河边上痛哭不止。自从九皇娘飞升以后，两人就没有咽过一粒米，长时间的痛苦，加之水米不进，两人就死在了马槽河边上。

释迦、弥勒二佛见国舅和太子死去，就叫守山神童化为一只黄斑虎把国舅的尸身衔上山，放在九皇洞侧边，用神水洒在尸身上，变成了一个很高的大石头，便封为"山上纠查善恶神"。今天人们看见的那个蘑菇石，就是国舅死后变的，所以当地百姓称"国舅岩"。

而太子，变为马槽河边的一块大石后，被二佛封为"山下纠查神"。但他嫌地位太低，很不服气，年年增高长大，想与金顶比高低，与释迦、弥勒二佛分上下。这件事被玉皇大帝知道了，命山神植了一株罗汉树在他头顶上，不许他再长高长大。现在马槽河边上的"太子石"顶上，那株罗汉树都还是青枝绿叶，如果走到树下仔细看，每片叶子上都有一个罗汉。

玉龙雪山

玉龙雪山及其所在的玉龙雪山风景区是丽江自然景观的核心区域。玉龙雪山为云岭山脉中最高的一列山地，是世界上北半球纬度最低的一座有现代冰川分布的极高山，由 13 座山峰组成，海拔均在5000 米以上，主峰扇子陡海拔 5596 米，是云南第二高峰。玉龙雪山南北长 35 千米，东西宽约 20 千米，群山南北纵列，山顶终年积雪，山腰常有云雾，远远望去，宛如一条玉龙腾空而得名。

玉龙雪山为我国纬度最南的极高山地，如今仍分布有现代海洋性温冰川，地史上又经受丽江冰期和大理冰期的直接影响，古冰川遗迹甚多，在冰川学上有特殊意义。从山脚河谷到峰顶具有中亚热带、温带至寒带的垂直带自然景观带。这种完整的山地垂直带系列是一般地区所不具备的，在科学研究上具有重要价值。

玉龙雪山以险、秀、奇著称，主要有云杉坪、白水河、甘海子、冰塔林等景点，是一个集观光、登山、探险、科考、度假、郊游为一体的具有多功能的旅游胜地，栈道最高点为 4680 米。

玉龙山主峰扇子陡，位于龙山南麓，土人称为"拖斯般满动岩"，也称白雪山。由丽江平原中看它，像是一座竖立起来的银铧。攀登上白雪山来看它，它像一把白绫折扇展开在那里，所以有扇子陡和雪斗峰的名称。现在由锦乡谷的草坪中仰望上去，它像一片白玉壳，三面做放射状指向天空，在碧天白云中闪闪发光。整个雪山集亚热带、温带及寒带的各种自然景观于一身，构成独特的"阳春白雪"主体景观。雨雪新晴之后，雪格外的白，松格外的绿，掩映生态，移步换形，很像是白雪和绿松在捉迷藏。故有"绿雪奇峰"，雪不白而绿，蔚为奇观。

甘海子

甘海子是玉龙雪山东面的一个开阔草甸，甘海子全长 4 千米左右，宽 1.5 千米，海拔约 2900 米，来到甘海子给人一种开阔空旷的感觉，在高耸入云的玉龙雪山东坡面前，有这样一个大草甸，为游人提供了一个观赏玉龙雪山的好场地，在这里横看玉龙雪山、扇子陡等山峰历历在目。从甘海子草甸到 4500 米的雪线，可以看到各种各样的花草树木，兰花、野生牡丹、雪莲，品种繁多；高大乔木有云南松、雪松、冷杉、刺栗、麻栗等等。甘海子大草甸是一个天然大牧场，每年春暖花开，百草萌发，住在甘海子附近山涧的藏、彝、纳西族牧民们都要带上毡篷，骑着高头大马，驱赶着牦牛、羊群、黄牛，到草甸放牧。

玉龙雪山的传说

关于玉龙雪山的传说，大多与金沙江和哈巴雪山有关。

玉龙雪山和哈巴雪山夹江而起，构成了峡深三四千米，长达 12 千米的大峡谷，金沙江穿峡而过，形成七道瀑坎，十八险滩，水声如龙吟虎啸，这就是著名的虎跳峡。关于它的传说，却出乎意料，像一首柔秀的抒情诗。

传说金沙江、怒江、澜沧江和玉龙山、哈巴山，原是五兄妹。三姐妹长大了，相约外出择婿，父母又急又气，命玉龙、哈巴去追赶。玉龙带十三柄剑，哈巴挎十二张弓，抄小路来到丽江，面对面坐着轮流守候，并约下法章：谁放过三姐妹，要被砍头。

轮到哈巴看守时，玉龙刚睡着，金沙江姑娘就来了。她见两个哥哥挡住去路，便低头细想，把脚步放得很轻很轻。忽然心头一亮，她唱起了婉转动人的歌，唱得守关的哈巴神魂迷醉，渐渐睡着了。

她边唱边走，一连唱了十八支，终于从两个哥哥的肢边穿过去，一出关口，也高兴得大声欢笑着奔跑而去。玉龙醒来见这情景，又气又悲，气的是金沙姑娘已经走远，悲的是哈巴兄弟要被砍头。他不能违反约法，慢慢抽出长剑砍下熟睡中的哈巴的头，随即转过背痛哭，两股泪水化成了白水和黑水，哈巴的十二张弓变成了虎跳峡两岸的二十四道弯，哈巴的头落到江中变成了虎跳石。

华 山

西岳华山位于陕西西安以东 120 千米的华阴市，古称太华山，海拔 2200 米，居五岳之首，是我国国家级风景区。

在五岳之中，华山以险著称，登山之路蜿蜒曲折，长达 12 千米，到处都是悬崖绝壁，所以有"自古华山一条路"之说。由于华山太险，所以唐代以前很少有人登临。历代君王祭西岳，都是在山下西岳庙中举行大典。华山五峰中又以东峰（朝阳）、西峰（莲花）、南峰（落雁）三峰较高：东峰是凌晨观日出的住处；西峰的东西两侧状如莲花，是华山最秀奇的山峰；南峰落雁是华山最高峰。三峰以下还有中峰（玉女）和北峰（云台）两峰。玉女峰相传曾有玉女乘白马入山间。云台峰顶平坦如云中之台，著名的"智取华山"的故事就发生在这里。

东峰又名朝阳峰，海拔 2096.2 米，峰头斜削，绝壁千丈，山势壮丽，古松参天。上有朝阳台为东峰绝顶，登临而上，可以观东海日出。每当晴天破晓之际，一轮红日冉冉升起，水面上闪烁着万道霞光。在这里还可以观赏到许多名胜景物：位于东石楼峰侧的崖壁上有天然石纹，像一巨型掌印，这就是被列为关中八景之首的华岳仙掌，巨灵神开山导河的故事就源于此；朝阳台北有杨公塔，与西峰杨公塔遥遥相望。此外，东峰还有青龙潭、甘露池、三茅洞、清虚洞、八景宫、太极东元门等。遗憾的是有些景观因年代久远或天灾人祸而废，现仅存遗址。20世纪80年代后，东峰部分景观逐步得以修复，险道整修加固，亭台重新建造，在1953年毁于火患的八景宫旧址上，已重新矗立起一栋两层木石楼阁一座，是为东峰宾馆。

西峰海拔2082.6米，古代文人多称其为"莲花峰"、"芙蓉峰"。西峰为一块完整巨石，浑然天成。西北绝崖千丈，似刀削锯截，其陡峭巍峨、阳刚挺拔之势是华山山形的代表，因此古人常把华山叫莲花山。登西峰极目远眺，只见四周群山起伏，云霞四披，周野屏开，黄渭曲流，置身其中若入仙乡神府，心中的万种俗念，也一扫而空了。西峰南崖有山脊与南峰相连，脊长300余米，石色苍黛，形态好像一条屈缩的巨龙，人称屈岭，也称小苍龙岭，是华山著名的险道之一。西峰上景观比比皆是，有翠云宫、莲花洞、巨灵足、斧劈石、舍身崖等，并伴有许多美丽的神话传说，其中尤为沉香劈山救母的故事流传最广。峰上崖壁题刻遍布，工草隶篆，琳琅满目。峰北绝顶叫西石楼峰，峰上杨公塔为杨虎城将军所建，塔上有杨虎城将军亲笔题词。塔下岩石上有"枕破鸿蒙"的题刻，是书法家王铎的手迹。

南峰海拔2154.9米，是华山最高峰，古人尊称它"华山元首"。南峰山间松林迤逦（yǐ lǐ）数里，中间夹杂有桧柏树，浓阴匝地。南峰顶上有老君洞，相传道家始祖老子隐居于此，南峰顶最高处的岩石上有"真源"两个大字。此外南峰上还有老子峰、炼丹炉、八卦池，这些景点都与老子的传说有关。老君洞北有太上泉，东流涧下，泉水终年碧绿，今称"仰天池"。在其东面崖下有"南天门"石坊。

名·山·篇

南峰上还有明代建造的金天宫，又名白帝祠，供奉的是华山神少昊。在从南峰到东峰的山路上还有两处景点：一是避诏崖，据说著名道士陈抟为躲避皇帝征召曾避居此处的山洞中；另一处是长空栈道，栈道依悬崖开凿，游人需手扶铁索木栏而过，是华山上又一险处。

北峰是五峰中最矮的，上山的缆车就在这里下客。北峰上行，过擦耳崖、爬天梯、就到了苍天岭，这处地方宽不及 1 米。过苍龙岭、五云峰就到了金锁关。再往东是东峰的观日台，往南上天梯就是东峰之顶，往西则是中峰。

中峰也叫玉女峰，它略低于东、西、南峰，海拔 2042.5 米。现在所看到的玉女祠建筑是在清康熙三十八年（1699 年）修建的。底部为一巨型龟形石，东边为头，西边是壳。在龟石下边当年玉女修真处的石洞就势改造为旅社，冬暖夏凉。

"自古华山一条路。"这绝不是夸大之词。华山奇峰耸立，瑞星主云中，崖陵壁峭，一条栈道蜿蜒于悬崖绝壁之间，令游人长吸一口冷气。但华山的无限风光尽在奇险二字中。奇险往往与秀美相映相衍。"奇"激发好奇心；"险"激发好胜心，显示自己的力量和勇气；"美"荡尽心中尘杂琐事，达到与物我两忘的境界。每年都有朝圣般的游人，不顾艰险，奋力攀登。

古往今来，大凡登华山的人，多半是为观日出而来。仲夏之时是观日出的最佳时机。李白有诗云："西岳峥嵘何壮哉，黄河如丝天际来"。

🦋 吹箫引凤的传说

峻险峭拔的华山，远望像一朵盛开的莲花，东西南北四峰是花瓣，中峰是这朵奇异莲花的花心。

这个花心又名玉女峰。玉女是春秋时期秦穆公的爱女。据传，玉女初生时终日啼哭，而当见到楚国进献的一块晶莹剔透的碧玉时就不再哭闹了。周岁时，穆公拿出许多金银珠宝、脂粉笔砚，连同那块玉放在一起让她抓，她只抓玉。穆公见她如此爱玉，便为她起名叫弄玉。

弄玉长大后，美丽异常，喜爱音乐，尤其擅长吹笙。穆公请能工巧匠将那块碧玉给她琢磨成十分精巧的碧玉笙，弄玉用它吹出美妙动人的乐曲和百鸟的叫声。她吹凤鸣时，比真凤凰鸣叫还要好听。许多王孙公子向她求婚，她一概不允，一心只要通晓音律、善于吹笙的人作伴侣。穆公无奈，只好按其心愿为她择婿。

当时，周朝有一位博学多才的青年史官，名叫箫史，因冒犯权贵弃官隐居华山，采药为生，继续写史。箫史也十分爱好音乐，善吹箫。他的箫用紫玉琢成，玉色温润，光彩照人。夜深人静，箫史常吹箫自娱，箫声伴着清风送数百里外。

一天晚上，风轻云淡，月色如洗，弄玉正临窗吹笙，忽听东方飘来阵阵悠扬的箫声。箫声暗合笙声，笙起箫起，笙停箫停。箫笙相和，徐徐如扣，似问似答，格外动听。弄玉先以为是幻觉，可一连几晚都是如此，她感到很奇怪，便央求父王立即派人寻访吹箫人。穆公派人外出寻访，好不容易才从华山找到箫史。箫史被召进宫，穆公命他当场演奏。箫史不慌不忙吹起紫玉箫，箫声优美而奇特。一曲刚罢，清风徐来；二曲声声，彩云回合；三曲就有白鹤成对，翔舞天空，彩凤双双，栖于枝头，百鸟和鸣，经时方散。真是人间奇迹！穆公、弄玉及王公大臣惊叹不已。弄玉又见箫史少年英俊、风流潇洒，便产生了爱慕之情。穆公决定召箫史为婿，就在当天为他们完了婚。

婚后弄玉、箫史感情深厚。箫史在宫中白天写史，晚上同弄玉品箫吹笙。渐渐地，箫史对宫中沉闷的生活感到厌倦，渴望再回华山过自由自在的生活，集中精力整理史料，编修好史书。他把想法

告诉弄玉，弄玉很是支持，并情愿与他同归华山。穆公得知消息又惊又气，他唯恐萧史、弄玉悄悄离去，派了许多卫士对他们严加看守。临行那天，弄玉见卫士戒备森严无法脱身，非常着急。这时，只见萧史不慌不忙对着天空吹起了紫玉箫。顷刻，天空彩云飘浮，五色彩云中徐徐降下来赤龙紫凤。萧史、弄玉分乘龙凤，在箫声和鸣声中绕宫三周，然后悠悠向东飞去，一直飞到华山。从此，他们就在华山中峰居住下来。

至今，玉女峰上还有玉女祠、玉女洞、玉女洗头盆、玉女梳妆台和玉女驾凤的引凤亭等遗迹。

骊　山

骊山是秦岭北侧的一个支脉，位于西安临潼区城南，东西绵延20余千米，最高峰九龙顶海拔1301.9米，远远望去，整座山形如一匹黑色的骏马。骊山也因景色翠秀，美如锦绣，故又名绣岭。每当夕阳西下，骊山辉映在金色的晚霞之中，景色格外绮丽，有"骊山晚照"之美誉。相传在洪荒时代，这里就是女娲"炼石补天"的地方；西周周幽王"烽火戏诸侯"的闹剧也发生于此。

从周、秦、汉、唐开始，这里就一直是游览胜地。上山有台阶路3200多米，先来到骊山半山腰"斑虎石"处，为纪念西安事变而建的兵谏亭首先映入眼帘。过后，可往西直上山峰至"晚照亭"。站在亭的北侧，整个华清池近在眼前，一目了然。再往前便到西绣岭第三峰上的老君殿，为骊山著名道教宫观。相传唐玄宗两次在此见到老君降临阁内，故此称之为降圣阁，也叫朝元阁。殿内原供奉白玉老君像，由于"安史之乱"时，像的正身被烧裂，双手也被盗，现玉像保存在陕西博物馆内。由老君殿转往东，就到西绣岭第二峰上的"老母殿"。此殿是为历史传说中的女娲而建的。再往东便到西绣岭第一峰上的烽火台。过了烽火台后往东即到东绣岭上的"石瓮寺"。因寺的西面岩石受流水冲击而形似瓮，故得名"石瓮寺"。据传，该寺建于唐开元年间，用造华清宫所剩的材料予以修建的。接着来到位于东西绣岭之间的石翁谷中的"遇仙桥"。据说，此桥为唐代所建，是一座长5米，宽2.4米，高5米的单孔石拱桥。相传，古代有一考生，赴京赶考行至此桥，得仙人指教，幸运考中，此桥由此名"遇仙桥"。

骊山传说

骊山树茂林密，松柏四季常青，峰峦起伏自如，好似一匹苍色的骏马，故有绣岭、骊山的美名。传说很早很早的时候，这里是一派平川。

有一年，突然山崩地陷，天的西北角塌了下来。一时间日月无光，昼夜难分；狼虫虎豹走出山林，冰雹江水肆虐田野，人间遭受了一场可怕的灾难。天帝派神女女娲氏到下界救难。她骑了一匹青色骏马来到人间。她开始驱赶狼虫虎豹，但洪水从塌下的天边流下，很快又淹没了大地。她想：这样不行，得把天地补起来。于是，她采天下五色石头，撑起八卦炉，煅烧石子。五色石烧化了，她把石浆擀成薄饼，又借用神力，撂得补到天上。她这样擀啊，补啊，擀啊，补啊，天补严了，又开始补地。八卦炉灿烂的五彩金光照亮了天地，日月星辰也恢复了光彩；滔滔洪水流入了大海，狼虫虎豹回到了山林，人间又是风和日丽。天地补好了，只是这神火不得熄灭。女娲用口去吹，却是越吹越旺，着急用手去捂，一旁的骊马怕伤着主人，一纵身扑到火上。火是熄灭了，但屁股一抬，火焰又重新冒

出来。骊马"嘘嘘"叫了两声，身子抖了抖，合上了双眼。从此，这骊马变成了一座山，人们叫它骊山。

女娲氏见心爱的马儿献了身，流连不忍离去，常常为它梳理鬃毛，疏导血脉。这鬃毛，便是后来满山的松柏，这血脉，便是山间纵横的清泉。她后来还住在了骊山上，今山南有女娲村，北有女娲沟。人们为了纪念女娲补天，每年正月二十这天，要烙上饼子，往天上撂一块，往地下撂一块，说是补天补地哩。

这场灾难过后，天下绝了人迹。女娲感到孤单，便和泥捏泥人，但捏下的泥人不会动弹，也不会说话。一天，她来到骊山下，在一股温泉下顺手抓了一把泥，又仔细地捏起泥人来。捏好放在太阳下晒干，这些小人便动起来，还会同她说话，给她干活。噢！用热水和泥捏下的人能活！这下女娲高兴了，便用骊山温泉水和泥，开始了造人工程。有一天，女娲正在劳作，天忽然下起雨来。眼见捏好的泥人要被淋坏，她赶忙折了一把毛竹，绑成扫帚，把泥人扫到一堆，脱下裙子盖上。等天晴一晒，这些泥人活过来了，但都落下残疾：驼背的，跛腿的，是被扫帚推伤的；眼瞎的，是扫帚蒺戳伤的。但也没救了，人们为了纪念她造人的功劳，便在骊山顶上修了座庙，尊她为骊山老母，让她永世承受人间香火。

骊山下的神火压灭后，但余热尚存，从山下冒出的一股清泉，也是热的。起始，山下村民用石头垒了一汤池，每天劳动结束，来洗个澡，不但解乏美容，而且还可健身防病。洗澡时，天上的星星月亮漾在水里，便美其名曰"星辰汤"。骊山温泉被外界知道，是过了许多年后，秦始皇时候的事。传说秦始皇统一六国后，骄横不可一世，阿房宫虽有美女无数，却还常到民间胡行。有一年，他到骊山围猎，看见一个漂亮的民间女子，便要动手动脚。谁想这女子毫不畏惧，面对强暴"呸呸"啐了两口，便不见了身影。秦始皇又气

五岳独尊

又恼，回到宫里，脸上便生了疮。任你御医如云，这个小小疗疮就是难以治好。秦始皇突然想到：那天莫不是遇到了神女，说让他到骊山温泉一洗便好。第二天，秦始皇来到神女指示的泉头，果然三洗面病除。从此，始皇才在骊山起宇建池，称温泉为"神女泉"。

传说神女就是女娲氏，她虽然回到了天宫，仍然护祐着她的儿女子孙。

崆峒山

有"两镇奇观"、"崆峒山色天下秀"之誉的崆峒山位于甘肃省平凉市境内，海拔2123米，是古代"丝绸之路"西出关中的"西来第一山"。

崆峒山地处西北要冲，山川险要，雄视三关，控制中原，历来为兵家屯驻之地和古丝绸之路的主要通道。

崆峒山挺拔险峻，秀丽奇巧，兼有北方山势之雄与南国山色之秀，宛如白练的泾河、胭脂河南北环抱，在山前交汇后东去。山间胜景处处，有气势恢宏的马鬃山、振翅欲飞的凤凰岭、清幽秀雅的王台、神秘莫测的玄鹤洞、雄伟惊险的上天梯、引人入胜的弹筝峡、月石峡等自然景观。崆峒山森林覆盖率几乎达100%，已知有云杉、油松、圆柏、五角枫、丝绵木等植物达千余种。招鹤堂前的孔雀柏树龄虽已千年以上，但依然枝繁叶茂，生机盎然。还有秃鹫、金雕、雀鹰、鸥鹗、金钱豹等70多种野生珍稀动物。

崆峒山，以其峰林耸峙，危崖突兀，幽壑纵横，溶洞遍布，怪石嶙峋，翠岭郁葱，既有北国之雄，又兼南方之秀的自然景观，被

誉为陇东黄土高原上一颗璀璨的明珠。又因相传为仙人广成子修炼得道之所，人文始祖轩辕黄帝曾亲临问道广成子于此山而被道教尊为"天下道教第一山"。秦汉时山上有庙宇建筑，宋、元、明、清各代均有修建，鼎盛时有8台、9宫、18院、24寺观，并有广成丹穴、浴丹泉、月石峡、千丈崖、黄龙泉、归云洞等多处名胜古迹。历代文人名士在此留有大量诗词、游记、摩崖石刻、碑记等。有气势宏伟的隍城建筑群、庄严肃穆的五台寺观、古人类文化遗址齐家文化以及天门铁柱、中台宝塔等人文景观。每年农历四月初八的庙会，人山人海，热闹非凡。

鼋驮碑的传说

在崆峒山原问道宫的大殿前，有一宽约五尺、高三尺、碑高八尺的鼋驮碑（现迁往二里远的新建问道宫院内），是古代所凿制。为什么要把它供放在问道宫的院内呢？有一个神奇的传说。

很早很早以前，在崆峒山一个以打柴为生的小伙子，名叫袁勤，他为人善良、厚道，孝敬父母，可就是家里穷。有一天，他上山打柴，不小心把一棵神树伐了，被所守山门的道士发现，报告了道长，道长罚他三天劳役。服役中，道士们看他身高力大，干活很卖力，为人忠厚稳重，是一块有用的材料，就劝他入道。他心想：我家父母健在，先去问问他们吧。

他回家将原委给父母诉说了一遍，他父亲当即说："我儿年岁也不小，该成家立业好好过日子了，可是咱们家贫如洗，如何给你成得起家呢？既然道门看准了你，你就去吧，丢下我和你娘，你不用操心了。"袁勤听了父亲的话，谢过双亲，就上山入了道门。

道长见他聪慧，给他分了一个诵经的差事。可是，袁勤家贫没有钱上学，只字不识，道长只好又给他分了一个差事，让他站在宫门前，向求神算卦、烧香拜佛的善男信女们宣讲黄帝问道的缘由。

道长费了很大的劲，给他说了一遍又一遍，他总是记不下，道长一看他是这么一个不中用的东西，就让他从哪里来，就回哪里去。这下可把袁勤急坏了，他想：在山上干什么都比回家强，他苦苦哀求道长，最后在诸位道士的求情下，道长才把袁勤勉强留了下来。但他光吃饭，不会干经文之事总不行吧。于是，道长想了一个办法，让人把要宣讲的话，写在袁勤的胸前，他站立在宫前，让来往的人看黄帝问道的经过。就这样，他纹丝不动，一直站立了几百年。

有一天，玉皇大帝来问道宫讲授经文，发现他还在那里站着，心里很感动，想找一个能代替他的动物来完成这项工作。正在此时，一位仙童来向他报告说："玉皇大帝，你治治那个鼋聪吧，它说好驮我游览泾河，可刚到河中间就把我摔到河里了！"玉皇大帝一看他的仙童，被河水淹得湿淋淋的，冻得发抖，一下怒了，大声喝道："快把那个鼋聪给我找回来，让它接替袁勤的工作吧。"鼋聪知道玉皇大帝要惩罚它，就忙求饶说："玉皇大帝，你饶了我吧，我已修行了几百年，现叫我站大门，不是一切都完了吗？"玉皇大帝禁不住这个鼋聪的苦苦求情，就说："那好，把经文刻在石碑上，你就驮着修炼吧。"从此，鼋聪就接替了袁勤的工作，它驮着石碑修炼。它修道成仙后上了天宫，它的身骨就留在了大殿里，身驮石碑，头还够道着看经文，练道术。后来，人们为了纪念神鼋，就用石头凿成它的身骨，一直传到现在。

玉　山

玉山北起三貂角，南接屏东平原（台湾南部的屏东县周围），长约300千米。主峰海拔3952米，是东北亚第一高峰，是登山游览胜地，被誉为"台湾屋脊"。玉山鼎立起台湾的山石美景，令人无限向往。

玉山孤峰挺立，傲绝四方。气候佳时，登临山顶，周围群峰尽在眼下，清晰可见。但逢冬季，白雪覆盖山头，晶莹洁白，冰清如玉，有人曾言：此山浑然美玉，故而得名玉山。玉山南峰由于特殊的地貌，得到了闭锁曲线峰的雅号。之所以得此名号，因南峰陡峭，状如锯齿尖刀，攀登委实不易。玉山东峰位于主峰之东的1千米处，为台湾山岳十俊之首。全山由硬砂岩构成，三面悬崖，寸草不生，挺拔向上，颇具顽强性格，又显得略微孤单。十字状排列的玉山群峰包括了玉山主峰、前峰、西峰、北峰、东峰、北北峰、南峰、鹿山、小南山、南玉山等11连峰。峰峦叠嶂，连绵不绝，再加上特殊的排列结构，使其具有震慑人心的磅礴山势，令人心生崇敬。

玉山景色多样，俊美壮观，实有华山之风骨。奇峰、云瀑、林涛、冬雪可谓玉山胜景。峰峦之间，山石峥嵘，直耸云霄。奇峰怪石，姿态万千，蔚为奇绝，此为奇峰；玉山峰顶，隐没云端，云行其间变化多端。时而犹若蚕丝，时而浓如棉团，时而沿着山势顺然而下，状如天瀑，甚为壮观；玉山之上，植被丰富，林木众多。郁郁葱葱的树木层层而立，风过，林动，伴随着沙沙声响，树林犹如大海浪涛，层出不穷，引人入胜；冬日时分，雪锁玉山，峰顶积雪皑皑，晶莹剔透宛如无瑕美玉，阳光下灿灿夺目，此为冬雪。

🦋 玉山的传说

从前，说不清是哪朝哪代了。有一件无价之宝——由一百名能工巧匠用一百年时间雕刻出一座一百尺高的玉山，安放在皇宫后面的御花园里。玉山上雕刻出来的树木花草、鸟兽鱼虫，真是活灵活现、栩栩如生。皇帝非常喜爱这座玉山，为防丢失，皇帝特派一员大将日夜看守。那时候，海外一个国家的国王听说这座玉山的美丽，便一心想把它占为己有。他听说看守玉山的那员大将贪杯好酒，就命令身旁一个会法术的国师，带领十几个人化装成商人，带着几坛美酒，漂洋过海来到了中国，并混进皇宫后面的御花园里，用美酒灌醉了那员大将，然后把这座玉山搬走了。

皇帝知道此事后，大发雷霆，下令把那个失职的大将斩首。而那员大将有两个武艺高强的儿子，一个号称"雄狮小将"，一个号称"猛虎小将"。他们闻讯赶来替父亲求情，并发誓夺回玉山，请求皇帝赦免他们的父亲。皇帝看他们年轻力壮且有孝心就同意了他们的请求，限他们三天之内把玉山夺回来。

两个小将得令急忙乘船跨海向南追去。追着追着他们来到了台湾岛上，而那些盗贼正在岛上打猎寻找食物，那座玉山就放在岛上。两员小将不顾途中劳累，为夺回玉山他们抖着命地与盗贼厮杀起来。很快，国师手下的十几人都被他们杀死了，国师见事不妙，正要用法术将玉山搬走，两员小将冲上去手起刀落，把国师也杀死了。两员小将与他们大战三天三夜，杀死敌兵无数，就在这时，海外的那个国王又派援兵来了，终于保住了玉山。

可是他们再也没有力气把这座玉山运回内陆去，他们被活活累死了。而那座玉山就扎根在台湾岛上了，并且它越变越高，变成了一座顶天立地、银光闪闪的玉山。"雄狮小将"和"猛虎小将"也变成了两座山，一座像一头巨大的狮子，一座像一头巨大的猛虎，双双卧伏在玉山的山脚下，他们仍然护卫着玉山，不让它再丢失。这就是当地有名的狮头山和虎头山。

阿里山

　　阿里山是大武恋山、尖山、祝山、塔山等 18 座山的总称，主峰塔山海拔 2600 多米，东面靠近台湾最高峰玉山。阿里山位于台湾省嘉义市东方 75 千米，四周高山环列，气候凉爽，平均气温为 10.6℃，夏季平均 14.3℃，冬季平均气温 6.4℃。由于山区气候温和，盛夏时依然清爽宜人，加上林木葱翠，是全台湾最理想的避暑胜地。

　　阿里山的森林、云海和日出，誉称三大奇观。这里所产的是世界罕见的高级建筑木材，如台湾杉、铁杉、红桧、扁柏和小姬松，称为阿里山特产"五木"。在阿里山主峰的神木车站东侧，耸立着一棵高凌云霄的大树，树身略倾侧，主干已折断，但树梢的分枝却苍翠碧绿，树高 52 米左右，树围约 23 米，需十几人才能合抱。据推算它已有 3000 多年高龄，约生于周公摄政时代，故被称为"周公桧"，是亚洲树王，仅次于美洲的巨极"世界爷"。在周公桧的东南方有一棵奇异有趣的"三代木"。三代木同一根株，能枯而后荣，重复长出祖孙三代的树木，是造化的神奇安排。如今第一、二代的前身均已枯老横颓，第三代却仍然欣欣向荣。

　　到了阳春三月，阿里山又成为一个绚丽的樱林。这里的樱花驰名中外，每年 2～4 月为花季，登山赏樱花的游人络绎不绝。山上有高山博物馆，陈列各种奇木异树，高山植物园内种有热带、温带、寒带数百种植物，游人既可饱览林海在微风中泛起层层波澜的胜景，又可增长知识。

晴天破晓时分，登阿里山的塔山观赏云海，确是赏心乐事。游人但见云海茫茫，瞬息万变，时而像连绵起伏的冰峰从山谷中冒出，时而像波涛汹涌的大海，从天外滚滚而来。难怪阿里山的云海是台湾八景之一。观日出的地点则以祝山为妙。祝山海拔仅次于塔山，为2480米。黑夜褪去，天空呈鱼肚白，祝山上先呈现出一丝红霞，慢慢变成弧形、半圆、大半圆，越来越红，越来越亮。一轮红日先从云海边上升，再从山顶冒出，光芒四射，别有一番景象。

🍃 名称的传说

自古以来，关于山的传说有很多很多，阿里山也不例外，它的传说也一样那么生动、那么引人入胜。

很久很久以前的一天，有个叫阿巴里的高山族首领，为了追逐一只白鹿来到了一座他从没来过的大山里。正当他紧追不舍的时候，忽然白鹿不见了，眼前却出现了一片云雾笼罩、鸟语花香、郁郁葱葱的大山林。他被这迷人的景色吸引住了，这里丰富的物产更让他着迷，他想族人们又有了一个赖以生存的好地方了。于是，他叫来了部落的族人，将这片山林开辟成新的猎场。

可是，就在他们为新的猎场给他们带来的丰收而狂欢时，却惹怒了这里的两条恶龙。恶龙的本领可大了，它们一打呼噜，顿时狂风呼啸，飞禽走兽都被吓跑了；恶龙一喷气，顿时白雾茫茫，使人辨不清东南西北。这给希望过安定生活的高山族人民带来了灾难。

阿巴里看在眼里急在心里，他决心要与恶龙斗争。于是，他就带领部落里的一批年轻人，天天在山林中舞刀练箭，练就了一身好武艺。

一天晚上，誓与恶龙斗争到底的一群小伙子在阿巴里的带领下，来到高山之巅，在此等候恶龙的到来。第二天早晨，启明星刚刚从东边升起，只听见天边响起了呼呼声，转瞬间，两条恶龙腾云驾雾，

名·山·篇

一前一后呼啸而来。阿巴里眼看恶龙离他们只有一百来步了，突然拉响弓弦，只见一道金光直奔前边的恶龙飞去。紧接着，小伙子们的一支支利箭也一齐向恶龙射去。受伤的恶龙扭头就跑，后边的恶龙还没反应过来，它那又长又大的尾巴就被茂密的树丛绊住了。就在这时，阿巴里闪电般地拔出腰刀，一个箭步冲上前去，只听"咔嚓"一声，恶龙的尾巴被砍了下来。两条恶龙从此再也不敢到山里为非作歹了。高山族同胞为了表示对自己勇敢首领的尊敬，就把这座山命名为阿里山。

五岳独尊

游·遍·名·山·大·川

YOU BIAN MING SHAN DA CHUAN

大川篇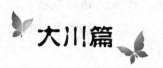

长 江

　　万里长江，像一条银白色的巨龙，横卧在中国的中部，气势恢宏地伸展于崇山峻岭中。长江是我们伟大祖国的象征，中华民族的骄傲。长江源远流长、气势磅礴、雄伟壮丽，其长度、水量，流域面积，在中国河流中雄踞首位，是中国第一大河、世界第三大河，仅次于亚马逊河、尼罗河。

　　长江全长 6380 千米，流域 180 多万平方千米。它发源于青海省唐古拉山山脉的主峰各拉丹冬雪山的西南侧，正源是沱沱河。它从冰川丛中走出来，向东迅跑，时而盘旋于巍峨的雪山峻岭之间，时而翻滚于高峡深谷之中，以雷霆万钧之势，一泻万里，浩浩荡荡地奔入东海。各拉丹冬雪山就像玉雕的尖塔，直插云天。藏语中"各拉丹冬"的原意即为"高高尖尖的山峰"。雪山群千百年来积聚的冰川融水，保证了长江水源的充沛，冰川就是长江最初的水源。在世界著名的河流中，唯有长江的源头是如此飞流湍急的冰川河。

　　长江干流各段有不同的名称：从源头至巴塘河口，称通天河，长 1188 千米；出巴塘河口至宜宾，称金沙江，长 2308 千米；在宜

宾接纳岷江后，开始称长江；宜宾至长江口，长 2884 千米（荆江截弯取直后，缩短航程 80 千米）。其中，宜宾至宜昌段，又称"川江"，长 1030 千米；湖北枝城至湖南城陵矶段，又称"荆江"，长约 423 千米；江西九江上下一段，又称"浔阳江"；江苏仪征、扬州附近江段，又称"扬子江"。

从江源起，沱沱河下流与当曲会合后流入通天河。通天河在青海省玉树县境内，流程共 800 多千米，藏族同胞叫它为珠凤，意思是通天河的水是奶牛的水。

 金沙江

通天河经过巴塘河口后折向南流，进入四川和西藏交界的高山峡谷，称为金沙江。这里自古就是中国沙金产地，江名也由此而得。

金沙江两岸山高谷深，与平静的通天河不同，它显得格外刚毅顽强，豪放潇洒。金沙江水在群山丛岭中咆哮奔腾，激流汹涌，呼啸奔腾的江水就像深嵌在巨斧劈开的狭缝里，人们形容这里"仰望山接天，俯瞰江如线"。金沙江和相邻的澜沧江、怒江平行南流，把这里的高原切割成许多平行的峡谷，形如锯齿，这就是中国著名的横断山区。当 3 条江流经云南西北部的丽江石鼓镇时，金沙江突然与怒江、澜沧江分道扬镳，拐了一个大弯，形成了奇特的"长江第一湾"。闻名的虎跳峡就在这个湾内。虎跳峡两岸哈巴雪山和玉龙雪山夹江对峙，白雪皑皑的山峰高出河谷 3000 多米，谷壁如斧砍刀削。虎跳峡河谷束狭，江面仅宽数十米，在 16 千米长的河段内，水面落差竟达 200 米，奔腾的江水拍打着悬崖峭壁，冲击着江中乱石暗礁，水流湍急，汹涌澎湃，声闻数里。传说有人看到过一只猛虎，从悬崖的顶端一跳过江，所以就把这个山谷叫虎跳峡。

都江堰

金沙江越过横断山区的崇山峻岭，进入四川盆地，在宜宾与岷

江会师，成为浩浩荡荡的长江。岷江是长江径流量最大的支流，在它的中游坐落着一座规模宏大、历史悠久、中外闻名的水利工程——都江堰。

秦国蜀郡守李冰父子带领修筑的举世闻名的都江堰，至今已有2200多年的历史了。发源于岷山之南的岷江，水源旺盛，自山区转入成都平原后流速成陡降，易淤易决，在都江堰兴建之前，水灾严重。公元前3世纪，秦国蜀郡守李冰父子在前人治水的基础上因地制宜地修起了都江堰这一大型水利工程。从那以后，成都平原便被人们誉为"水旱从人，不知饥馑，时无荒年"的天府平原了。

都江堰渠首工程位于成都平原的灌县境内，整个工程由"鱼嘴"分水堤、"飞沙堰"溢洪道和"宝瓶口"引水口等三项主要工程以及成千上万条渠道和分堰组成。它利用西北高东南低的地势特点，将岷江水由西北山谷引流入东南平原，造成一个纵横交错的扇形水网，自流灌溉着成都平原。在后代为纪念李冰父子而修建的"二王庙"内，有关治水的石刻和描述颇多，至今仍是治水必循的准则。

长江三峡

长江流经四川盆地，先后接纳了岷江、沱江、嘉陵江和乌江等几大支流以后，水量骤然增加。过了万县，两岸山势逐渐逼紧。到了四川盆地东缘的奉节县，巍峨的巫山山脉横亘在前，似乎要挡住它的去路。但是，长江以它气吞山河、不可阻挡的气势，劈开崇山峻岭，夺路东下，形成了一条壮丽奇特的大峡谷，这就是举世闻名的长江三峡。

长江三峡是瞿塘峡、巫峡和西陵峡的总称。它西起四川奉节的白帝城，东到湖北宜昌的南津关，全长约200千米，这一段长江又叫峡江，是万里长江的"鄂咽喉"。三段峡谷分别由大宁河宽谷和香溪宽谷所间隔。峡谷中，群峰耸立，悬崖万丈，江面狭窄曲折，江

中滩礁密布，激流百转，气象万千。宽谷处，江面开阔，坡谷平缓，居民和耕地比较集中，层层梯田，可种稻麦，间以橘林茶圃，风光秀丽，景色宜人。

从白帝城向东，便进入了雄伟险峻的瞿塘峡。它全长 8 千米，是三峡中距离最短而气势最雄伟的一段峡谷。江流进瞿塘峡，两岸悬崖壁立，紧束河道，犹如两扇大门，人称"夔门"，右岸山岩上刻有"夔门天下雄"五个大字，形容瞿塘峡的险峻、雄伟。江面最宽处不过 150 米，最窄处不到 100 米，而两岸山头海拔多在 1000 米以上。船行峡中，只见高山夹峙，危崖高耸，滔滔巨流，一泻千里，仰望高空，云天一线；俯瞰江面，巨浪翻滚，确实给人以"峰与天关接，舟从地窟行"的感觉。随着三峡工程大江截流的完成，这一雄险景色已成为历史的记忆了。

瞿塘峡不仅雄伟险峻，而且名胜古迹很多。那里有滟滪（yàn hào）回澜、奇特的风箱峡、惊险的孟良梯、诙谐成趣的倒吊和尚以及有着动人传说的白帝城等等。

滟滪滩是原来瞿塘峡口江中的一堆方圆 7 米多的大礁石，它横亘江心，随水位变化而形态各异，枯水时突露水面，洪水时暗伏水中，"滟滪大如马，瞿塘不可下；滟滪大如象，瞿塘不可上"。千百年来，不知有多少船只在此触礁沉没，多少渔人在此葬身鱼腹。1958 年整治川江航道时已将滟滪滩巨礁炸除，现在滟滪回澜已不复存在。

在瞿塘峡的前半段，北岸的一处悬崖陡壁上有几条洞穴似的垂直裂缝，露出一些长方形的东西，看起来很像风箱，所以人们把这一段峡谷称为风箱峡。20 世纪 70 年代初期，几位采药人爬上悬崖峭壁，进穴探明了"风箱"的真相，原来所谓"风箱"实是九具古棺，棺中还留有青铜剑和死人骨骼等，经鉴定乃是春秋战国时代巴国的遗物。

在瞿塘峡南岸的悬崖绝壁上，有人工开凿的方形石孔，自上而下成"之"字形排列，这是孟良梯。紧靠孟良梯附近的绝壁上有一奇石突出，很像光头赤脚的和尚倒挂在绝壁上，人们叫它"倒挂和尚石"。传说宋朝名将杨业在抗契丹奴隶主贵族入侵的战争中壮烈牺牲后尸骨埋在这山崖平台上，杨业的亲信孟良怀念他，想搬走尸骨，就悄悄驾船驶入瞿塘峡，凿石穿孔，架木为梯，攀缘而上。当他深夜凿孔到山腰时被一和尚发现，孟良怕被人发觉，只得无功而返，盛怒之下，将那和尚倒悬在山岩上，倒挂和尚石由此而来。其实，那是块钟乳石。

白帝城紧靠瞿塘峡口，坐落在临江的白帝山上，《三国演义》里"刘备托孤"的故事就发生在这里，白帝城因而闻名后世。

出瞿塘峡，经过 25 千米的大宁河宽谷，便是幽深秀丽的巫峡。它绵延 45 千米而不间断，是三峡中最完整的一段峡谷。这里河道迂回曲折，两岸重峦叠翠，奇峰如屏，群峰参差相映，海拔多在 1000 米以上，船在弯弯曲曲的巫峡中穿行，时而大山当前，"山塞疑无路"，忽又峰回水转，"湾回别有天"。由石灰岩组成的巫山十二峰，高出江面千米以上，矗立于大江南北，千姿百态，引人入胜。人们按照山峰的不同形态，分别给它们取了形象化的名字。

巫山十二峰峰峰有奇景，山山有典故，而其中最为雄峻绮丽的要推神女峰。她是十二峰中的佼佼者，峰顶有突兀的石柱，形似一位亭亭玉立的少女。关于她的传说很多，其中有一则"神女导航"的神话故事流传甚广。神话中说她原是西王母的小女儿瑶姬，出游来到巫山上空，看到一群孽龙骚扰百姓，她便击毙恶龙为民除害，后又帮助大禹凿开三峡，自己并化为山峰，为过往船只导航。每天她第一个迎来朝阳，最后一个送走晚霞，因而又有望霞峰的美名。

出巫峡东口，经过长约 45 千米的香溪宽谷，便进入长约 75 千米的西陵峡，它分东西两段：西段包括宝剑峡、牛肝马肺峡和崆岭峡；东段又分灯影峡和宜昌峡。西陵峡滩多水急，著名的青滩和崆岭滩均在峡中，江流汹涌、惊险万状，是航行上的极大障碍。在西陵峡东段，长江穿过一个长约 24 千米的峡谷，便是三峡最东面的瓶口——南津关了。出了南津关，江面骤然展宽，万里长江上的第一座大坝——葛洲坝就屹立在这里。

长江三角洲

长江三角洲以镇江为顶点，向东北、东南方向散开，东至东海、黄海，北通扬州运河，南抵杭州湾，呈一扇形，地跨江、浙两省和上海市，面积 5 万多平方千米。长江从镇江东流横贯三角洲，自江阳以下江面开阔，到南通江面宽达 18 千米，长江入海口附近竟宽 90 千米，形成一个巨大的喇叭口，从江阴到长江入海口这段又称长江河口段。

长江三角洲素有"鱼米之乡"之誉。这里湖泊星罗棋布，水道纵横，中国第三大淡水湖——太湖，湖光山色，风景秀丽，其周围有大小湖荡 250 多个。整个三角洲地区雨量充沛，气候温和湿润，土壤肥沃，耕地广阔，交通便利，物产极为丰富，是中国重要的工农业生产基地，最大最富庶的河口三角洲，堪称为"金三角洲"。

黄 河

黄河是中华民族的摇篮，是中华民族五千年文化的源头，是中华民族的性格，是中华民族的国魂。它是我国第二大河，世界上屈指可数的名水。

黄河源自青海省巴颜喀拉山北麓的约古宗列盆地星宿海西南的玛曲河，起步于涓涓细流，沿途接纳了洮河、湟水、无定河、渭河、汾河等40多条主要支流。千万条溪川，汇成年均水流量达480亿立方米的滚滚强流，流经青海、四川、甘肃、宁夏、内蒙古、陕西、山西、河南、山东等九省区，一泻千里，奔腾向东，最后在山东省垦利县注入浩瀚的渤海。黄河全长5464千米，流域面积752443平方千米。

黄河流域内有3亿多亩耕地，沿途有水草丰美的天然牧场，有风光绮丽的峻岭高山，有广阔肥美的沃土，有粗犷的黄土高原，有无际的关中平原，还有丰富的矿藏以及历史悠久的古都。在古代，黄河流域的自然环境优越。这里气候温暖湿润，土地肥沃，植物种属繁多，青山绿野。原始社会这里既可以采摘野果，追猎野兽充饥，又可以从事粗放的游牧或农耕。黄河流经的黄土高原地区，土壤质地均一，结构疏松多孔，既利于简陋农具的耕耘，又利于植物根系的深入，土壤中又含有丰富的矿物质，对原始农业的发展极为有利。黄土高原地区地势坦荡开阔，对植物迁移、作物的移栽和保存都是有利的，而黄河及其支流还为我国古代人民提供了交通和灌溉之利。黄土高原地区还极适宜于掘穴定居，由于黄土有无数直立的毛细管，所以黄土壁直立不坠，质地亦不坚硬，容易挖洞。黄土窑洞，冬暖夏凉，成为古代人民由游牧生活转为定居生活的住所。殷代的经济就因为黄河流域地理环境的优越，加速了它的发展。黄河中下游成为我国开发最早的地区，经济发展，人口繁衍都较其他地区为快，政治文化也较先进，以至成为中华民族成长的摇篮。

黄河文明

1963～1966年，中国的考古工作者在西安市东南蓝田县黄土中发现了"蓝田猿人"的头盖骨，证明早在 60 万年前就有人类在黄河流域生存。后又发现 10 余万年前生活在今西襄汾（xiāng fén）的"下村人"、距今 5 万年左右生活在内蒙古地区的"河套人"，以及 2000 多处原始村落的遗迹，进一步说明中华民族从遥远的古代起就在广阔的黄河流域开始从事生产和生活。

相传中华民族的始祖——黄帝，出生在黄河流域的中游、河南省的新郑，他和他的族系也主要活动在黄河中游。在新石器时代中期，黄帝族就已开始使用彩陶，产生了"仰韶文化"。夏、商、周王朝都是黄帝的后裔，自称"华"或"夏"，当时的华族聚居在中原地区，人们认为中原是居四方之中，所以又称为"中华"。再后来，"中华"就成了整个中国的名称，它含有地区居中之意，也有文化中心之意。在河南安阳小屯村的殷墟里曾发掘出 3000 年前的宫室遗址，大量精美的青铜器、玉石器、牙雕和 10 多万版的甲骨书契，说明在当时我国的农业和手工业已经相当发达，殷商王朝已成为古代世界三大文化中心之一，它和古埃及、古巴比伦是同时期的三个古代帝国。

历史记载，我国几代帝王的都城都建在黄河流域。尧都平阳（今山西临汾），舜都蒲坂（今山西永济县西蒲州），禹都阳翟（今河南禹县）。我国历史上的六大古都中有一半在黄河流域（西安、洛阳、开封）。长安（即西安），既是我国东西方交通的枢纽，又是古代著名丝绸之路的起点，南通巴蜀，西达西域，东连中原，它所代表的我国唐代文化是当时世界文化的高峰，对世界各地，特别是亚洲邻国文化的发展具有深远影响。

❧ 黄河大观

黄河大观风景区位于郑州市北郊郑邙公路 23 千米处，占地面积 2610 亩，以浓缩和体现 6000 年黄河文化为背景，以黄河流域的人文风光为表现形式，融国内外高科技成果和建筑艺术为一体的主题文化公园，主要景点 36 个，包括长 3.7 千米的模拟小黄河、高 30 米的鹳鹊楼、黄河风景线、丝绸古道线、草原风景区、中央娱乐区和水上娱乐项目等。

入园道路两边，是整齐高大的雪松和黄杨绿篱。往里，便是一处处的国槐林、黄山栾和五角枫。秋园附近，是红色的火炬树。"渤海"岸边，垂柳依依。园中还辟有树丛与山石夹杂的山道，绿影婆娑的竹路，垂杨紫陌的花蹊，芳草如茵的野径。围绕小黄河两岸及园中池沼，则是高低起伏、错落有致、疏密相间的垂柳、水杉以及蔷薇、迎春、木香、地柏等，形成一道道赏心悦目的水边风景线。

通观黄河大观，是以北派风格为主，讲的是疏朗大方、晓畅明丽，但看局部，也不失花影移墙、凭栏观鱼、婉转秀丽之意。全园以动观为主，静观为辅，妙在移步换景，"水随山转，山因水活"，"园以景胜，景因园异"。楼阁亭台，高原山景，杉冠柳梢，都须仰观，以览其胜；小桥流水、草茎花圃、水口山脚，都必俯瞰，方得其趣。

🦋三门峡大坝风景区

三门峡大坝风景区位于河南省三门峡市东北部，距市区 14 千米，从市区乘旅游专线车可达。是一处依托万里黄河第一坝——三门峡大坝而建成的风景名胜和人造景观相结合的水库观光游憩类人文景观。其中，三门峡大坝是建国后我国在黄河上修建的第一座大型水利枢纽。

这里峡谷险峻、景色秀美，两侧的山体蜿蜒起伏。景区内的主要景观有：黄河展览馆、大禹公园、中流砥柱、张公岛、梳妆台、水晶宫、炼丹炉、黄河古栈道等。三门峡大坝建成后，由于水位随季节不同发生的变化，库区内形成了大片的湿地。春秋两季库区水

大·川·篇

面碧波荡漾，尽观出一派江南水乡的温柔，大坝泄洪时期浊浪滔天、一泻千里呈现出黄河奔腾咆哮、桀骜不驯的本色。而且每年的十一月至次年的二月。由西伯利亚飞来大批的白天鹅在三门峡水库越冬，白天鹅嬉戏于蓝天碧水之间，给库区增添了一道靓丽的风景，三门峡市因此被誉为"白天鹅城"。

三门峡大坝，控制流域面积 68.84 万平方千米，占全河流域面积的 91.5％。主坝为混凝土重力坝，最大坝高 106 米，长 713.2 米，总装机容量 41 万千瓦，年平均发电量为 11 亿千瓦时。大坝建成后，在黄河防洪、防凌、灌溉、发电、供水和减少泥沙淤积等方面发挥了显著的作用和效益。

中流砥柱，屹立在三门峡大坝下方激流之中。自古以来就被世人传颂被誉为中华民族不屈不挠精神的中流砥柱石。相传这块石头是大禹治水时留下的镇河石柱。古时的三门峡谷，石岛、暗礁犬牙错落；悬崖绝壁，森然耸立。过往的船工们要想将船顺利撑过三门峡谷，必须要在船过三门时朝砥柱石直驶过去，在船与石几乎将要相撞的一刹那间，石前的回水就会将船轻轻拨划，从而使船工们获得九死一生的成功。中流砥柱石作为黄河上的一大奇观，千百年来，无论是遭遇狂风暴雨的侵袭，还是经受惊涛骇浪的冲刷，砥柱石都巍然屹立在这里，水涨它也涨，永远淹不没冲不垮。历史上无数的文人学士，对它推崇备至，并为它吟诗作画。唐太宗李世民也曾对这里的雄伟壮观赞叹不已，尤其仰慕大禹治水、剑劈三门的丰功伟绩，欣然令笔写下了"仰临砥柱、北望龙门、茫茫禹迹、浩浩长春"的诗句，命大臣魏征勒于砥柱之阴。

张公岛和炼丹炉，位于三门峡大坝下游靠近右岸的入门河口处。它们的名字来源于传说故事。相传古代有个姓张的艄公，经常目睹三门峡谷因水道险恶，浪激波涌而船翻人溺的惨状，就决定在岛上结庐为庵，义务为来往船只导航。后人为了纪念这位老人，就将该岛起名叫张公岛。在张公岛上，有一个形状像香炉的岩石，在岩石上有一个凹下去的圆坑，很像是盛放铁锅的灶口，据流传它就是仙人老子炼丹时用的"炼丹炉"，并由此引出了"老子炼丹"、"老子造桥"、"老君削石"、"神火炼山"等神话故事。至今当地百姓还流传着"正月二十三，老君炼仙丹，家家贴金牛，四季保平安"的民谣。

壶口瀑布

　　世界上最大的黄色瀑布，地球上唯一的"黄色瀑布"，也是我国第二大瀑布。位于山西省吉县与陕西省宜川交界处，由宜川县城沿着309国道往东直达黄河即到，距县城48千米。壶口瀑布高度在15～20米之间，水量却是我国瀑布中最大。黄河流经此处时，由于两岸高山夹持，河水犹如进入一个狭窄的瓶颈，由原来的300米宽骤然缩减至50多米，最后形成特大马蹄状瀑布群。主瀑布宽40米，落差30多米，瀑布涛声轰鸣，水雾升空，惊天动地，气吞山河，为黄河第一大瀑布，也是我国仅次于贵州黄果树瀑布的第二大瀑布。

　　壶口瀑布古已闻名，《水经注》便有记载："禹治水，壶口始"。后世各朝文字中都有记录，如明代诗人称赞壶口道："派出昆仑衍大流，玉关九转一壶收"。

　　以壶口瀑布为主体的峡谷景区，北至小河口，南至仕望河口。风景区规划面积175平方千米，主景区面积27平方千米。壶口瀑布景色季节差异大。农历三月桃花汛和十月雨季过后水量适中，最大时主瀑布和副瀑布连接在一起，烟波浩渺，无法接近。5月和12月水量较小，主瀑布宽度仅有20多米，可以站在近处观看，体会惊天动地的感觉。夏季黄河进入雨季，洪水凶猛。冬季景色迥异，可欣赏到晶莹剔透的冰挂和酷似石狮的冰雕。

大·川·篇

黑龙江

　　黑龙江是东亚大河，发源于我国东北、内蒙古北部与西伯利亚之间的边界，并大体沿这条边界向东和东南方向流往西伯利亚城市哈巴罗夫斯克，然后再从那里掉头朝东北方向流去，注入鞑靼海峡，将西伯利亚与库页岛分开，为北亚最长的河流。

　　黑龙江因河水含腐殖质多，水色发黑得名，总长度约 5498 千米。在中国古代文献中，黑龙江有黑水、弱水、乌桓河等诸多别称。黑龙江沿线曾盛产沙金，在清朝达到繁荣，为带动当地经济发展起到了重要作用。

松花江

　　松花江是黑龙江的最大支流，东北地区的大动脉，本身也有两条主要支流。其一为源于白头山天池的第二松花江，另一为源于大兴安岭的嫩江，两条支流在黑龙江省肇（zhào）源县汇合始称松花江，折向东北流至同江县注入黑龙江。全长 1840 千米，流域面积 54 万平方千米。

　　松花江流域范围内山岭重叠，满布原始森林，蓄积在大兴安岭、小兴安岭、长白山等山脉上的木材，总计十亿立方米，是中国面积最大的森林区。矿产蕴藏量亦极丰富，除主要的煤外，还有金、铜、铁等。松花江流域土地肥沃，盛产大豆、玉米、高粱、小麦。此外，亚麻、棉花、烟草、苹果和甜菜亦品质优良。松花江也是中国东北地区的一个大淡水鱼场，每年供应的鲤、卿、鳇、哲罗鱼等，达4000 万公斤以上。

冬季的松花江气候严寒，有时会降至－30℃，结冰期长达5个月。但是在丰满水电厂这一段从不结冰，据说是因为通过发电厂流入江里的水温甚高所致。这一段夹带暖流的江面，不断冒起团团蒸汽，凝结在岸边的柳丝、松叶上，形成一簇簇、一串串晶莹似玉的冰花，十里长堤顿时成了玲珑剔透、玉树银枝的世界。这就是闻名全国的"树挂"奇景。

漠　河

漠河县位于祖国最北端，因其夏至时节白昼最长可达19个小时，又被称做"不夜城"。

漠河县北极村前依滚滚黑龙江，依傍连绵大山，木刻楞房舍排列井然。这里一年四季国内外游人络绎不绝，尤其是每年夏至前后，漠河县举办"夏至节"，游人更是摩肩接踵，流连忘返，因为他们不仅可以游览"北陲哨兵"、"神州极碑"、"野生罂粟园"、"最北一家"等诸多景点，还可度过那神奇的"白昼"之夜，有幸者会目睹北极光那光耀天地、溢彩流金的神奇景象。

镜泊湖

镜泊湖是火山创造的奇迹。火山爆发喷出的熔岩流入牡丹江的河道，凝固后形成了堤岸，堵塞了上游的河谷。这样，就产生了一个新的湖泊。它是我国最大的堰塞湖，在黑龙江省宁安西南50千米的牡丹江上游。由玄武岩溢流堰塞而成。湖面海拔351米，面积95平方千米。

堰塞湖是国家级重点风景名胜区，著名的旅游、避暑和疗养胜地。湖区周围有火山群、熔岩台地等。湖区有由离堆山及山岬形成的一些小岛。湖北端湖水从熔岩堤坝上下跌，形成25米高，40米宽的吊水楼瀑布。瀑布下的深潭达数十米，与镜泊湖合为镜泊湖风景区。

大·川·篇

吊水楼瀑布，古时土著人名曰"发库"，位于湖之北端，距"镜泊山庄"仅3千米。吊水楼瀑布酷似闻名世界的"尼亚加拉大瀑布"。湖水在熔岩床面翻滚、泡哮，如千军万马之势向深潭冲来，然后从断岩峭壁之上飞泻直下，扑进圆形瓯穴之中。潭水浪花四溅，如浮云堆雪，白雾弥漫；又似银河倒泻，白练悬空。水声震耳如有雷鸣。瀑布一般幅宽40余米落差为12米。雨季或汛期，瀑布呈现两股或数股跌落，总幅宽达200余米。

瀑布两侧悬崖巍峨陡峭，怪岩峥嵘。站在崖边向深潭望去，如临万丈深渊，令人头晕目眩。一棵高大遮天的古榆枝繁叶密酷似一把天然的巨伞，踞险挺立于峭崖乱石之间。斑驳的树影中，一座小巧的八角亭榭依岩而立，人称"观瀑亭"。亭台至瀑布流口及北沿筑有铁环锁链护栏。古榆下尚有一条经人工凿成的石头阶梯蜿蜒伸向崖底的黑石潭边，枯水期间，潭水波平如镜。据测，黑石潭深达60米，直径也有100余米。每逢晴天丽日，光照相瀑布，则有色彩斑斓的彩虹出现。凡到此游览者，无不惊叹其壮美的景色。诗人曾为它留下"飞落千堆雪，雷鸣百里秋。深潭霞飞雾漫，更有露浸岸秀"的优美诗篇。

珠 江

珠江，或叫珠江河，旧称粤江，是中国境内第三长河流，按年流量为中国第二大河流，全长2400千米。珠江原指广州到虎门一段入海水道，现为西江、北江、东江三江的总称。流域跨云南、贵州、广西、广东、湖南、江西六省区，面积45.2万多平方千米（包括流经越南的1万多平方千米）。水系支流众多，水道纵横交错。

西江是水系主流，发源于云南省沾益县马雄山。干流上、中游各段分别称南盘江、红水河、黔江和浔江，在梧州以下称西江。干流全长2129千米，流域面积35.5万平方千米。主要支流有北盘江、柳江、郁江和桂江，总落差2130米。

北江的正源是浈水，源于江西省信丰县。在韶关附近与武水相会称北江。韶关以上水流湍急，韶关以下河道顺直，沿途有瀚江、连江汇入。在穿越育仔峡、飞来峡后进入平原，河宽水浅，至思贤窖流入珠江三角洲，干流长582千米。

东江发源于江西省寻乌县大竹岭。上源称寻乌水，西南流入广东省。上游河窄水浅，两岸为山地，干流长523千米。

🦋 黄果树瀑布

黄果树瀑布位于我国贵州省安顺市镇宁布依族苗族自治县，是珠江水系打邦河的支流——白水河九级瀑布群中规模最大的一级瀑布，因当地一种常见的植物"黄果树"而得名。瀑布高度为77.8米，其中主瀑高67米；瀑布宽101米，其中主瀑顶宽83.3米。黄果树瀑布属喀斯特地貌中的侵蚀裂典型瀑布。

黄果树瀑布周围岩溶广布，河宽水急，山峦叠翠，气势雄伟，历来是连接云南、贵州两省的主要通道。白水河流经当地时河床断落成九级瀑布，黄果树为其中最大一级。以水势浩大著称，也是世界著名大瀑布之一。瀑布对面建有观瀑亭，游人可在亭中观赏汹涌澎湃的河水奔腾直泻犀牛潭。腾起水珠高90多米，在附近形成水帘，盛夏到此，暑气全消。瀑布后绝壁上凹成一洞，称"水帘洞"，洞深20多米，洞口常年为瀑布所遮，可在洞内窗口窥见天然水帘之胜境。

它以其雄奇壮阔的大瀑布、连环密布的瀑布群而闻名于海内外，

十分壮丽。并享有"中华第一瀑"之盛誉。黄果树风景名胜区位于贵州西线旅游中心安顺市西南 45 千米处，镇宁布依族苗族自治县境内，东北距贵州省会贵阳市 150 千米，有滇黔铁路、株六复线铁路、黄果树机场、320 国道、贵（阳）黄（果树）高等级公路贯通全境，新建的清（镇）黄（果树）高速路直达景区。景区以黄果树瀑布为中心，以瀑布、溶洞、地下湖为主体。

黄果树瀑布群是由 18 个风韵各异的大小瀑布组成，其中以黄果树大瀑布最为优美壮观，故统称为黄果树瀑布群。由于黄果树瀑布群的各瀑布不仅风韵各具特色，造型十分优美，堪称世界上最典型、最壮观的喀斯特瀑布群，而且在其周围还发育着许多喀斯特溶洞，洞内发育各种喀斯特洞穴地貌，形成著名的贵州地下世界，具有极大的旅游观光价值，分布着雄、奇、险、秀风格各异的大小 18 个瀑布，形成一个庞大的瀑布"家族"，被大世界吉尼斯总部评为世界上最大的瀑布群，列入世界吉尼斯纪录。黄果树大瀑布是黄果树瀑布群中最为壮观的瀑布，是世界上唯一可以从上、下、前、后、左、右六个方位观赏的瀑布，也是世界上有水帘洞自然贯通且能从洞内外听、观、摸的瀑布。

漓 江

漓江是西江上游桂江的一条支流，发源于（兴安县）南岭。沿岸两岸山清水秀，洞奇石美，素有桂林山水甲天下之誉。有人以"四绝"概括桂林山水特色。"四绝"是簪山、带水、幽洞和奇石的总称。其中簪山、带水是从唐代文学家韩愈的名句"江作青罗带，山如碧玉簪"而来。从漓江两岸 2000 多平方千米的风景区看，真是洋洋大观，有群山森立如林，有"拔地参天起一峰"的孤峰，亦有连座多峰的峰丛。其形有老人峰、象鼻山、骆驼山、书童山、碧莲峰等等。在桂林岩溶平原上，不仅"平地涌千峰"，而且碧水如带，山环水绕，山水交融，"漓江下瞰净如练"，"群峰倒影山浮水"。

桂林"无山不洞，无洞不奇"。据统计，已发现的岩洞约 2000 余处。如著名的芦笛岩、七星岩等。桂林之石奇在造型丰富，形态变化无穷，非其他岩类可比。无论是瘦、透、漏、皱的玲珑巧石，或是晶莹如玉、色彩斑斓的钟乳石，都是令人精观细赏的自然佳作。

桂林山水之美，更在于簪山、带水、幽洞和奇石的有机结合，构成"无水无山不连洞，无山无水不入神"的优美境界。桂林山水最绝妙的要数烟雨漓影。正如清人袁枚诗云："江到兴安水最清，青山簇簇水中生。分明看见青山顶，船在青山顶上行。"美丽的漓江，早在 8000 多年前，已有人类在甑皮岩洞中繁衍生息。自秦始皇时凿灵渠，开辟湖南湘江与漓江航道后，桂林便成为古代中国"南连海域，北达中原"的重镇。秦堤灵渠始建于公元前 214 年。它与都江堰一样，闪耀着中华民族古老文化的光辉。秦以后，尤其是唐宋以来，大量的摩崖石刻、造像、古建筑等巧构于山、水、洞、石之间；赞美的诗词达 4000 余首，使仙境般的自然山水，渗透了丰富的文化色彩，形成独具特色的桂林山水文化。常言道："看山如观画，游山如读史"，游览桂林山水，不仅是一种美的享受，而且会获得许多科学和历史文化知识。

左 江

位于南宁地区的左江，也是西江上游的一个小支流。它那曲折多姿，迂回在峰林、峰丛、孤峰之间的如带似练的江水，其景观与漓江相仿。但漓江处于中亚热带，左江却处在准热带地区，其间分布有热带特征的"季雨林型常绿阔叶林"，构成南国奇秀的独特景观。它秀在青山绿水，奇在千姿百态的岩溶地貌、丰富多彩的热带型植被、世界独有的白头叶猴和充满魅力的悬崖壁画。左江两岸除峰林夹江，还有高约 20 米的沿江陡岸皆以玲珑剔透的"太湖石"

（石灰岩）构成，船行江边令人目不暇接。

左江多曲流，河曲外侧往往有奇峰临江崛起，悬崖壁立，雄险逼人，峭壁高 100～300 米。尤其是在上凸下凹难以攀登的崖壁上，有许多令人迷惑不解的壁画。当地人称"画山"、"仙影山"、"人影山"。这些"仙影"更为奇山秀水增添了神奇色彩。沿江 200 多千米，两岸共有 97 座悬崖有崖画，计 178 处，287 组，构成一座巨大的画廊。其中规模最大的是宁明花山崖壁画。花山绝壁临江，崖壁高 250 米，宽 290 米，崖壁上部外倾下部内收，形同弧形廊檐。画面长 210 米，高 44 米，共 1800 多个图像。画中以人像为主，还有内容丰富的各种物像。据考古分析，一般认为该画为 2000 多年前所为。但仍有许多谜未解，因而左江崖画依然蒙着一层神秘的面纱，吸引着无数的游人。